KB125812

산을 품은
왕들의 도시

서울편 ② : 서울 풍경의 확산

2

역사 인물 환생 인터뷰 - 태종, 광해군, 경승랍

산을 품은 왕들의 도시2
- 서울편② : 서울 풍경의 확산

펴낸날 | 2023년 3월 17일

지은이 | 이기봉
사진 | 서민호
편집 | 정미영
디자인 | 박현정
마케팅 | 홍석근
펴낸곳 | 도서출판 평사리 Common Life Books
출판신고 | 제313-2004-172 (2004년 7월 1일)
주소 | 경기도 고양시 덕양구 중앙로558번길 16-16. 7층
전화 | 02-706-1970 팩 스 | 02-706-1971
전자우편 | commonlifebooks@gmail.com
ⓒ2023 글 이기봉, 사진 서민호
ISBN 979-11-6023-322-3 (04910) 서울편2
ISBN 979-11-6023-320-9 (04910) 세트

역사 인물 환생 인터뷰
: 태종, 광해군, 경승랍 :

산을 품은
왕들의 도시

서울편 ② : 서울 풍경의 확산

2

이기봉 지음

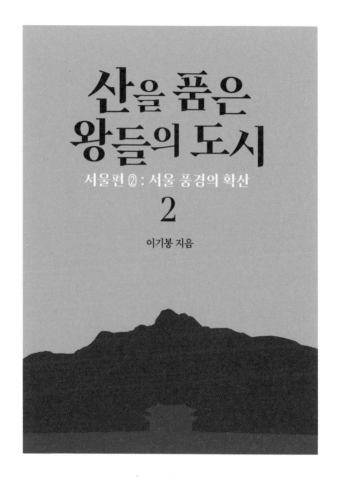

평사리
Common Life Books

경복궁엔 경복궁만의 아름다움이 있듯이 창덕궁에도 창덕궁만의 아름다움이 있지 않겠는가. 그뿐이겠는가. 창경궁 또한 창경궁만의 아름다움을 갖고 있을 것이고 경희궁 또한 경희궁만의 아름다움을 갖고 있지 않겠는가.

모두 다 저마다의 아름다움을 갖고 있다. 부정할 수 없는 진실이다. 무한경쟁의 소용돌이가 몰아치고 있는 21세기, 다름은 개성이고 개성은 경쟁력의 동력이다. 우리는 다름을 소비하며 즐거움을 느끼고 누린다.

하지만 모두가 다름을 찾는 이 시기에 바보같이 같음을 찾아 나서는 이가 있다. 같음을 알지 못하면 다름의 가치도 제대로 알기 어렵다는 이상한 말을 하면서 말이다. 다 다를 것 같은 경복궁, 창덕궁, 창경궁, 경희궁 네 궁궐에 공통적으로 관철되는 같음은 없을까?

이 책은 서울의 궁궐로는 경복궁만을 다룬 서울편 1에 이어. 경복궁에 적용된 하늘-산-궁궐의 3단계 풍경이 위치와 지형이 서로 다른 창덕궁, 창경궁, 경희궁에는 어떻게 적용되었는지, 그리고 그 적용 과정에서 궁궐의 구조가 어떻게 변화했는지를 추적하여 파악한 책이다.

이 책을 다 읽고 나면 경복궁, 창덕궁, 창경궁, 경희궁에 관철된 조선만의 공통된 상징 풍경이 네 궁궐의 구조를 어떻게 변화시켜 다르게 만들었는지 새롭게 이해할 수 있을 것이다.

다름이 다름에서만 끝나도 나쁘지는 않다. 하지만 같음의 발견을 통해 다름의 이유를 근본적으로 파악할 수 있다면 다름의 가치가 새롭게 다가올지도 모를 일이다. 어쩌면 그렇게 되어야, 무한경쟁의 21세기에 다름이 더 큰 경쟁력의 동력으로 재탄생할 수 있는 것은 아닐까.

서울에는 전통정원의 절대적인 숫자가 왜 이리 적을
까? 우리나라 전통정원의 가장 큰 특징이 자연과의 조
화라는데 그보다 먼저 질문을 던져야 하는 것이 서울
에 전해지는 절대적인 숫자의 적음이 아닐까. 지금까지
는 이 질문을 왜 던지지 않은 것일까. 여기서도 정원의
다름 그 자체만을 좇아다닌 아쉬움을 발견한다.

이 책을 읽고 나면 우리나라 전통정원의 특징, 즉 다
름의 근본 원인을 새롭게 이해할 수 있을 것이다. 그리
고 서울에 전해지는 전통정원의 절대적인 숫자가 왜
적은지도…….

이번에도 변함없이 한 장이 끝날 때마다 읽어 주고
몇 줄의 소감이라도 꼭 보내 주어 필자의 글을 거듭 되
돌아보게 만들어 준 동료 유종연 선생님께 감사드린
다. 서울편 1보다 사진 촬영과 회화 사례 구하기가 더
어려웠을 것임에도 이리 뛰고 저리 뛰며 분주하게 노

력하여 책의 완성도를 높여 준 평사리출판사 편집진에게도 기쁨의 축복이 내리길 기도드린다. 더 좋은 책을 만들고자 디자인과 인쇄에 힘써 주신 관계자 모든 분들께도 감사의 마음을 전한다.

2023년 3월
유튜브에서 전해지는 풍류대장 소리꾼들의 열정이
끊어지지 않길 간절히 소망하며
아끔말 이기봉 씀

차례

3부_ 광해군 인터뷰
경희궁의 미스터리,
왜 숭정전은 서북쪽 귀퉁이에 있을까

4부_ 『동국여지비고』 저자 경승람 인터뷰
궁궐 밖 정원들은
진정한 자연정원이었다

하늘–보현봉–창덕궁의
(돈화문)
웅장한 풍경을
체험하게 하라

시리 시청자 여러분, 안녕하십니까. 역사 방송 아나운서 안 시리 인사드립니다. 우리 '역사 인물 환생 인터뷰' 제작 팀은 지난주까지 4부에 걸쳐 정도전 선생님을 모시고 풍수도시 서울의 도시계획에 대해 놀랍고 다양한 이야 기를 들었습니다. 이번 주부터는 이미 도시계획이 끝난 후 추가된 서울의 이야기를 들어 보는 자리를 만들었 는데요. 첫 손님으로 정도전 선생님과 관계가 깊은 분 을 모셨습니다. 바로 태종 임금님이십니다. 임금님, 어 서 오십시오. 열렬한 환영의 박수 부탁드립니다.

태종 안녕하세요. 태종 이방원(1367~1422년) 인사드립니다. '역사 인물 환생 인터뷰' 제작팀에서 저의 출연 섭외를 몇 달 전에 해 왔기 때문에 지난주까지 4부에 걸쳐 방 송된 서울의 도시계획 이야기 전체를 하늘나라에서 생 방으로 잘 봤습니다. 저도 서울 천도에 대해 생생하게 지켜본 사람이기는 하지만 미처 몰랐던 이야기가 꽤 있었습니다. 정도전 선생이 비밀을 잘 지키면서 속전 속결로 새수도 서울의 도시계획을 설계하여 무리 없이 잘 진행하셨더군요. 조선의 임금 중 한 사람으로서 감 사의 마음을 표하고 싶습니다. 제가 알고 있는 것들을 최선을 다해 여러분께 전해 드리도록 노력하겠습니다.

서울로의 재천도를 결정하다

시리 태종 임금님께서는 조선의 두 번째 궁궐인 창덕궁을 만드셨고, 세 번째 궁궐인 창경궁도 거의 다 만드신 것이나 다를 바 없습니다. 그래서 '역사 인물 환생 인터뷰'에서는 창덕궁과 창경궁을 만드신 이야기를 듣기 위해 태종 임금님을 인터뷰에 초대하였습니다. 오늘도 청중 열 분과 역사도우미 궁금 씨가 참석하셨는데요. 궁금 씨, 늘 그렇듯이 첫 질문의 포문 잘 열어 주시기 바랍니다.

궁금 안녕하세요. 역사도우미 궁금 인사드립니다. 제작팀으로부터 태종 임금님께서 출연하신다는 이야기를 듣고는 정말 놀랐습니다. 첫 질문을 어떻게 드려야 할지 고민이 많았습니다. 그래도 첫 질문을 드리는 것이 제 역할이니까 질문 드리겠습니다. 창덕궁 이야기로 들어가기 전에 먼저, 태조 임금님께서 어렵게 수도로 정했던 서울에서 고려의 옛 수도였던 개성으로 수도를 다시 옮기셨잖아요. 그 이유부터 듣고 싶습니다.

태종 수도를 개성으로 다시 옮긴 거요? 그건 제가 결정한 것이 아니라 우리 형님이신 정종 임금님께서 하신 것이라……

시리 그건 그렇습니다만, 당시의 실권은 거의 모두 태종 임금님께서 갖고 계셨던 것으로 알고 있는데요. 그러니 실제로는 임금님께서 결정하신 것 아닌가요?

태종 그렇지 않습니다. 그때의 개성 재천도는 저에게도 의외였습니다. 오늘의 인터뷰 주제가 아니니까 자세하게 이야기하지는 않겠습니다만, 형님이신 정종 임금님은 여러분들이 '제1차 왕자의 난'(1398. 8. 26.)으로 알고 계신 싸움에서 지난주에 출연하신 정도전 선생 세력과 배다른 형제인 방번·방석을 죽인 일로 몹시 괴로워하셨습니다. 그래서 그 싸움이 벌어졌던 경복궁과 서울을 떠나고 싶어 하셨고, 1399년 2월 15일에 개성의 수창궁壽昌宮을 방문하신 자리에서 개성으로의 재천도 의지를 피력하셨습니다. 아버지인 태조 임금님께서도 마음을 비우셨는지 별 의견을 내지 않으셔서 일사천리로 진행되어 3월 7일 개성으로의 재천도가 공식적으로 이루어졌습니다. 그때 아버지께서 서울을 떠나시며 "처음에 서울(漢陽)로 수도를 옮긴 것은 오로지 내 뜻만이 아니었고 나라 사람들과 의논한 것이었다."고 말씀하시며 눈물을 흘리시던 장면, 3월 13일 개성에 도착하시어 "내가 서울에 천도하여 아내와 아들을 잃고 오늘 개성으로 환도하였으니 실로 사람들에게 부끄럽도다. 그러므로 내가 개성을 나가거나 들어오는 것을 반드시 밝지 않은 때에 해서 사람들로 하여금 보지 못하게 해야겠다."고 말씀하시던 장면이 저의 기억에 강하게 남아 있습니다. 별 의견을 내지는 않으셨지만 아버지께서 그렇게나 어렵게 노력하여 수도를 옮겨 왔던 서울을 다시 떠나시는 것에 대한 아쉬움이 많으셨음을 알게 되었거든요.

시리 무슨 말씀인지 알겠습니다. 태종 임금님께서 1404년에 다시 개성에서 서울로 재천도를 하셨는데요. 그런 결정을 내리실 때 아버지인 태조 임금님의 그 장면에 대한 기억이 영향을 미쳤을 수도 있다는 생각이 듭니다.

태종 맞아요. 큰 영향을 미쳤어요. 여러분들이 '제2차 왕자의 난'(1400. 2. 1.)으로 부르는 두 번째의 싸움을 겪은 후

제가 세자의 자리에 올랐고 그 해 11월 11일 형님 정종 임금님으로부터 양위를 받아 새로운 임금의 자리에까지 오르게 되었다는 사실은 이미 잘 알고 계실 겁니다. 아버지께서는 그런 일련의 과정이 당연히 진행될 것임을 이미 예측하고 계셔서 그랬는지 별 의견을 내지는 않으셨는데요. 그 전에는 그렇게나 아껴 주셨던 저에게 마음의 문을 굳게 닫아 버리셨습니다. 그게 저에게는 너무나 깊은 상처로 남았습니다. 임금이 되고 나서 최선을 다해 아버지를 모셨는데요. 처음에는 전혀 열릴 것 같지 않던 아버지 마음의 문이 시간이 지나면서 조금씩 열리기는 했지만 그래도 확 열지는 않으시더라고요. 아버지는 점점 늙어 가셨고, 아버지께서 마음의 문을 완전히 열지 않으신 채 돌아가실 수도 있다는 불안감이 커졌습니다. 그래서 곰곰이 생각했습니다. 아버지께서 기뻐하시며 마음의 문을 활짝 열 수 있게 하는 게 뭐가 좋을까 하고요. 그때 아버지께서 서울을 떠나 개성으로 오실 때의 그 장면들이 머리를 스쳤습니다. 그래서 아버지께서 마음의 문을 활짝 여실지 확신할 수는 없었지만 다시 서울로 돌아가기로 결심했죠.

궁금   임금님, 혹시라도 다른 이유는 없으셨나요?

태종   혹시라도요? 전혀 없었습니다.

궁금   그럼 신하들도 임금님의 그런 마음을 충분히 이해하여
       흔쾌히 동의했나요?

태종   그렇지는 않았습니다. 개성에서 서울로, 다시 서울에
       서 개성으로, 또다시 개성에서 서울로……. 몇 년 사이
       에 천도를 이렇게 많이 한다는 것은 나라의 기틀이 확
       고히 다져지지 않았다는 의미로 비쳐질 수 있고, 이건
       사회·정치적으로 혼란을 줄 수도 있습니다. 저도 충분
       히 그렇게 생각했고, 신하들도 마찬가지였습니다. 그럼
       에도 저는 아버지의 마음을 열기 위해 무리수임을 알
       면서도 실행하려고 했던 반면에 신하들의 입장은 달랐
       습니다. 이미 조선이란 나라의 기틀이 많이 잡혔는데
       그렇게 무리수까지 두면서 서울로 천도할 필요는 없지
       않느냐라는 의견이었습니다. 그래서 신하들을 설득해
       야 하는 과제가 저에게 주어졌던 겁니다.

시리   아버지인 태조 임금님께서 서울로 천도하려 했을 때의
       상황과 비슷했던 거네요?

태종   그때만큼 강력한 반대가 있었다고 보긴 어렵지만 큰

틀에서는 비슷했습니다.

시리 임금님, 그러면 그런 상황을 어떻게 헤쳐 나가셨나요?

태종 먼저 1404년 9월 1일 아버지께 서울로 재천도하겠다는 저의 의지를 말씀드렸더니 예상보다 훨씬 더 반가워하시더라고요. 그러면서 이렇게 말씀하셨습니다.

> 내가 서울(漢陽)로 수도를 옮긴 경험이 있으니 지금 수도를 옮기는 일이 얼마나 번거로운지 어찌 모르겠느냐. 하지만 개성은 고려 왕씨의 옛 수도이니 계속 여기에 있을 수는 없다. 얼마 전 정종 임금이 서울에서 다시 개성으로 수도를 옮긴 것은 나의 뜻을 따른 것이 아니다.

아버지의 이 말씀을 듣고 저는 너무나 기뻤습니다. 서울로 수도를 다시 옮긴다면 아버지께서 조금씩 열어왔던 마음의 문을 활짝 여실 수 있겠다는 확신이 들었거든요. 그래서 곧바로 의정부에 이렇게 명령을 내렸습니다.

> 서울은 우리 태상왕(태조)이 창건한 땅이고 사직과

종묘가 있으니 오래 비워 두어 거주하지 않으면 선조의 뜻을 계승하는 효도가 아니라고 생각한다. 내년 겨울에는 내가 마땅히 수도를 옮길 테니 응당 궁궐을 수리하게 하라.

그리고는 한경이궁조성도감漢京離宮造成都監, 즉 서울이궁 건설특별위원회를 설치하고는 9월 9일에 풍수지리 전문가인 상지관들을 보내 이궁터를 살펴본 후 보고하도록 하였습니다.

궁금　정말 일사천리로 진행하셨네요. 그런데 여기서 궁금한 게 하나 있습니다. 서울에는 이미 궁궐로 경복궁이 있는데 왜 이궁離宮을 새로 건설하려고 하신 건가요?

태종　음…… 권력이라는 것이 엄청 냉혹하다는 사실을 여러분들은 잘 아실 겁니다. 제가 옳다고 생각해서 결행한 것이기는 하지만 정도전 세력과 동생 둘을 포함하여 많은 사람들을 죽인 '제1차 왕자의 난'은 저에게 트라우마로 남았죠. 아버지께서 경복궁을 통해 그때의 기억을 자꾸 떠올리실 수도 있겠다는 생각이 저를 괴롭혔습니다. 그래서 제 다음 임금은 모르겠지만 저는 경복궁으로 가지 않고 새로 궁궐을 지어서 거기에서 나라를 통치하고 싶었습니다.

시리 무슨 말씀인지 이해가 갑니다. 그러면 그 이궁이 바로 오늘 임금님을 '역사 인물 환생 인터뷰'에 초대하게 만든 창덕궁 맞나요?

태종 예, 맞아요. 그런데 일이 순탄치가 않았습니다. 생각지도 못한 신하들의 반대가 있었죠. 이미 경복궁이 있는데 왜 또 이궁을 지어야 하느냐며 강하게 반대하더라고요. 제 사정을 솔직하게 말하며 설득시킬 수는 있었지만 그렇게 하면 임금으로서 제 권위가 너무 깎이겠더라고요. 권력욕이 없었다고 말하면 거짓말이겠지만 제가 어려운 과정을 거쳐 임금의 자리에까지 오른 이유는 단순히 권력욕에 불탔기 때문만은 아닙니다. 저는 권력을 통해 제가 만들고 싶었던 나라의 기초를 튼튼하게 다져서 다음 임금이 그 위에 훌륭한 나라를 만들게 하고 싶다는 강한 욕구가 있었습니다. 그렇게 하기 위해서는 냉혹한 권력의 세계에게 저의 권위가 깎여서는 안 되었죠. 그래서 일단 서울이궁건설특별위원회를 폐지하고 경복궁을 수리하고 보수하는 궁궐수보도감

闕修補都監, 즉 궁궐리모델링특별위원회를 설치하는 것으로 후퇴하였습니다.

궁금 임금님, 그러면 이궁을 새로 짓는 것을 포기하신 건가요?

태종 그건 아니죠. 이미 창덕궁이 만들어졌다는 사실을 다들 알고 계시잖아요. 다만 좀 돌아가는 길을 택한 것이었죠. 그때 아버지의 전략을 벤치마킹했습니다.

궁금 벤치마킹이요? 무엇을 어떻게요?

태종 저의 측근이었던 하륜에게 이궁을 새로 짓고 싶은데 어떻게 하면 좋겠느냐고 물었더니 하륜이 저의 아버지가 썼던 전략을 벤치마킹하면 좋겠다고 하더라고요. 그래서 그것이 뭐냐 했더니 저의 아버지가 서울로 천도하려는 목적을 달성하기 위해 먼저 가벼운 쨉으로 활용한 무악 천도를 우리도 활용하자고 하더라고요. 정리해 드리면, 하륜이 새로운 궁궐을 지을 수밖에 없는 무악 천도를 먼저 주장하면 그것을 따르는 척하다가 그 부당함을 드러내며 신하들에게 저의 의지를 꺾을 수 없음을 확인시킨 후 서울 천도와 이궁 건설을 받아들이게 하자는 거였습니다.

시리 임금님, 그러다가 혹시 서울로의 천도까지 좌절되면 어
떻게 하시려고…….

태종 안시리 아나운서가 이 프로그램을 오래 하시다 보니
까 뛰어난 감각을 갖게 된 것 같습니다. 저도 그럴 가능
성이 있다고 생각했지요. 그래서 만반의 준비를 했습
니다. 9월 19일에 천도 후보지로서 무악에 대한 하륜의
상소가 올라왔고 26일에 제가 직접 신하들을 이끌고
무악에 대한 현지답사를 실행했습니다. 그런데 제 예상
과 달리 새로운 천도 후보지로서 무악이 타당하고 서
울이 부적합하다는 신하들의 의견이 엄청 강하게 나오
더라고요. 무악과 서울 중 어느 곳이 수도로 좋으냐는
저의 질문에 풍수지리 전문가 윤신달이 대답한 사례
하나를 소개하면 이렇습니다.

풍수지리로 논한다면 서울은 앞뒤에 돌산이 험한
데도 명당에 물이 끊어지니 수도로 삼을 수 없습니다.
무악의 땅은 예언서(讖書)에 왕씨의 5백 년 뒤에 이씨
가 나온다는 곳입니다. 이씨가 나온다는 말은 이미 증
명이 되었으니 그 책은 심히 믿을 만합니다. 그리고

이씨가 나오면 삼각산 남쪽에 도읍을 만들고 반드시 북대로北大路를 막을 것이라는데, 지금 무악은 북쪽으로 대로大路가 있으니 그 예언서와 바로 합치됩니다.

궁금 저런 논리에 대한 반격의 논리를 임금님께서는 이미 준비하셨죠?

태종 하하하! 그렇죠. 당연히 준비했죠. 한번 들어 볼래요?

내가 어찌 서울에 이미 건설한 궁궐(경복궁)을 싫어하고 이렇게 풀이 우거진 무악의 땅을 좋아하여 다시 새로운 궁궐의 토목공사를 일으키려고 했겠느냐? 다만 서울은 돌산이 험하고 명당에 물이 끊어져 수도로 삼기에 불가하여 새로운 궁궐을 만들기로 한 것이다. 내가 본 지리서에서는 '먼저 물을 보고 다음에 산을 보라.'고 하였는데, 만약 지리서를 쓰지 않는다면 모르겠지만 쓴다면 명당은 물이 없는 곳이니 서울을 수도로 삼는 것이 불가하다는 것은 명확하다. 그런데 너희들은 이러한 지리서의 논리를 모두 알면서 처음에 태상왕(태조)을 따라 새로운 수도를 정할 때 어찌 이러한 상황을 말하지 아니하였느냐?

궁금 와~ 대단하시네요. 앞쪽에 들을 때는 풍수지리의 관점에서 서울을 부정하시는 내용이라 '어~ 이러면 안 되는데…….' 하고 생각했는데요. 끝에는 '너희들은 이러한 지리서의 논리를 모두 알면서 처음에 태상왕(태조)을 따라 새로운 수도를 정할 때 어찌 이러한 상황을 말하지 아니하였는가?'라는 대단한 반전으로 끝나네요.

태종 반전 괜찮았나요? 하하하! 그런데 여러분들은 괜찮았다고 생각할지 모르지만, 태상왕(태조)께 충분히 말씀드렸는데도 통과되지 않았다며 저항하는 신하들의 강한 반발 분위기가 형성되더라고요. 그때 저는 약간 당황했지만, 다시 정신을 차리고 이렇게 반격했습니다.

네가 새로운 수도를 정할 때 태상왕을 따라 서울로 가서 명당이 물이 끊어지는 땅이어서 수도로 정하는 데 불가하다는 것을 어찌하여 알아내지 못하였느냐? 어찌하여 서울을 수도로 정하고 크게 토목공사를 일으켜서 부왕(父王, 태조)을 속였느냐? 부왕이 서울에

계실 때 편찮아서 거의 위태하였으나 지금은 회복되셨는데, 살고 죽는 것은 천명에 관계되는 것이다. 그 후에 변고가 여러 번 일어나고 좋은 일이 하나도 없었으므로 서울에서 개성으로 수도를 다시 옮긴 것이다. 요즘 나라 사람들은 내가 부왕이 수도로 삼았던 서울을 버리고 무악을 선택하려 한다고 쑥덕거린다.

시리　임금님께서는 멋지게 반격하셨다고 생각하실지 모르겠지만 내용을 가만히 들어 보면 좀 억지스럽게 들리는데요?

태종　맞아요. 좀 억지스럽죠? 저도 알아요. 풍수지리 전문가들이 그렇게까지 강하게 무악을 고집할지 몰랐거든요. 아차다 싶어서 원래 제 의도는 서울로 천도하려는 것이었음을 분명하게 심어 주려다 보니까 좀 억지스러워졌습니다. 다만 눈치 빠른 신하들은 좀 억지스러운 저의 말을 통해서 서울로 재천도하면서 새로운 궁궐을 만들겠다는 저의 의지가 확고하다는 사실을 알아차렸죠. 10월 6일에 개성과 무악과 서울 세 곳 중에서 어디를 수도로 정해야 민심이 안정될지 점을 치는 과정을 하나 더 밟았습니다.

시리 점을 친다고요? 그러면 그 점에서 서울이 아니라는 결과가 나오면 어떻게 하시려고요?

태종 그러면 안 되죠.

시리 세 개 중 하나를 고르는 점을 친다면 어차피 가능성은 3분의 1밖에 안 되는 것 아닌가요?

태종 맞아요. 그래서 서울이 될 가능성을 100퍼센트로 만들어야 했습니다. 첫 번째로 여러 점 중에서 돈의 앞과 뒤를 길(吉)과 흉(凶) 두 개로 나눈 후 세 번 던져서 개성, 무악, 서울 중에서 길(吉)한 것이 가장 많이 나오는 곳을 선택하기로 했습니다. '돈(錢)을 던진다(擲)'는 뜻의 척전擲錢이라는 이 방법은 다른 점에 비해 빨리 끝낼 수 있어 시간적으로 논란을 최소화할 수 있는 장점이 있었습니다. 두 번째로 종묘에 제가 몇 명의 신하와 함께 들어가 첨을 쳤는데요. 이 방법은 어떻게든 제가 원하는 결과를 만들어 발표할 수 있는 장점이 있었습니다. 그게 어떻게 가능한지 궁금하실 건데요, 아주 간단합니다. 함께 들어간 몇 명의 신하들과 입을 맞추기만 하면 되었거든요. 저의 사정과 의지를 진심으로 말하며 신하들을 설득했고, 혹시라도 딴말을 하면 가만 안 두겠다고 협박도 함께 곁들였습니다.

궁금 하하하! 그냥 잘 짜인 각본이었네요.

태종 당연하죠. 그렇게 하지 않으면 안 되었으니까요. 좀 억지스럽기는 하지만 절차를 거치면서 신하들이 차츰 저의 의지를 확인하고 받아들이게 만든 겁니다. 정치는 다 그런 거 아닌가요?

궁금 임금님의 우격다짐은 아니었네요. 좀 힘들더라도 신하들이 수긍할 때까지 최대한 절차를 거친 거잖아요. 어차피 충분히 짐작되기는 하지만 돈을 던져서 나온 세 곳의 결과가 어땠을지 궁금한데요?

태종 결과요? 서울 2길1흉, 개성과 무악은 2흉1길이었습니다. 절묘하죠? 하하하! 어쨌든 저는 결과를 발표하면서 무악을 주장했던 신하들의 체면을 살려 주기 위해 "나는 무악에 수도를 정하지 않았지만 후세에 반드시 누군가가 수도를 정할 자가 있을 것이다." 이런 립서비스를 한 번 더 날리고는 곧바로 서울 천도와 향굣골(鄕校洞)의 이궁 건설을 명했습니다.

창덕궁이 완성되다

시리 임금님, 코믹 요소가 곳곳에 담긴 한 편의 짧은 드라마를 본 것 같습니다.

태종 하하하! 안시리 아나운서가 멋지게 표현했네요. 맞아요. 정치는 항상 비장하고 엄숙하지만은 않습니다. 어떤 때는 코믹 요소가 곳곳에 담긴 한 편의 드라마 같기도 합니다. 다만 그 코믹 요소라고 하여 '웃기다'라는 관점보다는 약간 억지스럽더라도 그런 절차를 밟아서 서로 달랐던 의견을 하나로 모아 가는 통합의 과정으로 이해해 주시면 좋겠습니다.

시리 예, 무슨 말씀인지 알겠습니다. 그런데 별것 아닌 것 같긴 한데, 궁금한 것이 하나 있습니다. 향곳골에 이궁 건설을 명하셨다고 하셨는데요. 향곳골이라는 이름은 향교가 있었기 때문에 붙은 마을 이름 아닌가요? 서울의 도성 안에 향교가 있었다는 소리를 저는 들어 본 적이 없어서요.

태종 향교鄕校는 수도가 아닌 '지방(鄕)의 고을에 있는 학교(校)'라는 뜻이니까 수도 서울의 도성 안에 향교가 있지 않았다는 건 맞습니다. 대신 서울에는 중부·서부·동부·남부 네 곳에 학당學堂을 두어 보통 사부학당四部學堂이라고 불렀습니다. 다만 서울이 수도였던 것은 조선이었지 고려는 아니었잖아요. 고려에서는 서울의 도성 안에 한양이란 고을의 중심지가 있었고, 한양의 향교가 있던 마을 이름을 향곳골이라고 불렀습니다.

시리 아, 그런 유래가 있었네요. 그러면 향곳골에 만들었다는 이궁, 즉 지금의 창덕궁에 대한 이야기를 본격적으로 해 주실 시간이 된 것 같습니다. 여기서 질문 하나 드립니다. 이궁터, 즉 창덕궁터를 잡을 때도 풍수지리가 적용된 건가요?

태종 예, 맞아요. 제가 앞에서 1404년 9월 9일 풍수지리 전문가인 상지관들을 보내 이궁, 즉 창덕궁터를 살펴보고 보고하도록 했다고 했었죠. 다만 저도 정도전 선생처럼 풍수지리를 믿지 않았기 때문에 상지관들이 잡은 창덕궁터를 그대로 받아들이지 않고 정도전 선생이 설명한 '임금의 권위가 살아 있는 풍경의 연출'이란 관점에서 조정해 나갔습니다. 물론 아버지께서도 풍수지리를 절대적으로 믿지는 않으셨어요. 서울 천도 날짜에 대해 의견이 분분하던 1395년 8월 11일에 아버지께서 말씀하신 내용을 하나 소개해 드리겠습니다.

풍수지리설(陰陽說)이 비록 믿을 것은 못되나, '왕씨의 5백 년 뒤에 이씨가 나라를 얻어서 서울(漢京)에 도읍한다.'고 하였는데, 우리 집안이 과연 그 설에 응하였으니 어찌 허황한 말이기만 하겠느냐? 또 우리 집안이 미리부터 나라를 얻을 마음이 있었느냐? 임금이 서울로 환도하고자 하는 것이 실상은 임금의 마음이 아니라 하늘이 시켜서 그러한 것이다.

궁금 태조 임금님의 말씀을 직접 들으니까 풍수지리를 절대적으로 믿지는 않으셨지만 어느 정도 절충하시는 모습이 잘 전달되는 것 같습니다. 그런데 임금님과 정도전 선생님과는 극과 극 아니셨나요? 상지관들이 잡은 창덕궁터를 정도전 선생님이 말씀하신 원리로 조정해 나가셨다는 게 잘 맞지 않는 것 같아서요.

태종 정치는 정치로, 철학은 철학으로 봐 주세요. 저 또한 개성에서 오랫동안 살면서 정도전 선생과 똑같은 눈으로 궁궐과 도시를 보고 관찰했던 사람이며, 정도전 선생이 올린 새 수도 서울의 도시계획 보고서 내용을 자세히 들었던 사람 중의 하나입니다. 그때, 어떻게 이렇게 빨리 보고서를 올릴 수 있지? 도대체 어떤 원리로 도시계획을 세웠지? 감탄하면서 들었던 기억이 납니다. 비록 정도전 선생과는 우리 조선을 건국하고 나서 정치적으로 서로 다른 편에 섰지만 서울의 도시계획에 대해서까지 정도전 선생의 놀라운 식견을 부정하지는 않았습니다. 풍수지리를 믿지 않으면서도 도시계획 속에 절묘하게 절충하여 녹여 내면서 자신의 견해를 관철시켜 나가는 정도전 선생의 모습은 감탄스러울 정도였습니다.

시리 정치는 정치로, 철학은 철학으로 봐 달라는 임금님의 말씀이 상당히 인상적입니다. 두 분야를 서로 겹쳐서 봐야 할 때도 있지만 서로 분리해서 봐야 할 때도 있다는 말씀으로 들립니다. 그런데 임금님, 창덕궁은 얼마나 걸려서 완성된 건가요?

태종 음…… 하나의 시기로 확정해서 말씀드리기는 어렵습니다. 먼저 인정전을 중심으로 한 금천 동쪽의 주요 건축물들은 1405년 10월 19일에 완성되었고요, 금천 위의 다리인 금천교는 1411년 4월 18일에, 정문인 돈화문은 같은 해 5월 22일에 완성했습니다.

시리　그러면 처음부터 전체의 모습을 설계하신 건 아니네요?

태종　그렇지 않습니다. 전체적인 설계도에 대한 보고는 처음부터 받았지만, 당시의 사정상 한 번에 건축하지 못한 겁니다.

시리　잠깐 잊고 있었는데요, 임금님께서 창덕궁의 건설을 명하신 것은 1404년 10월 6일 아니었나요? 그렇다면 인정전을 포함한 주요 건물이 완성된 것이 1405년 10월 19일이라고 말씀하셨으니까 1년이 조금 더 걸린 게 됩니다. 정도전 선생님이 지휘하여 경복궁을 완성하는 데도 1년 정도 걸렸으니까 비슷했네요. 그런데 여기서 생각해 봐야 할 것이 경복궁의 건설은 종묘, 사직단, 관청, 도로 등 도시 전체의 건설과 함께 했던 것인데 반해 창덕궁은 창덕궁 하나만 건설한 것이잖아요. 그런데도 비슷한 시간이 걸렸을 뿐만 아니라 금천교와 돈화문은 만들지도 못했습니다. 왜 이렇게 늦어진 것인지…….

태종　하하하! 창덕궁 건설이 오래 걸린 것이 아니라 경복궁

건설이 짧게 걸린 겁니다. 하늘나라에서 지난 편을 보았는데 정도전 선생이 주도한 새 수도 서울의 도시 건설은 사회·정치적 위험 부담을 최소화시키기 위해 엄청난 속전속결로 진행시켰잖아요. 제가 서울로 천도할 때는 굳이 그 정도의 속전속결로 진행시킬 필요는 없었습니다. 부실 공사의 위험도 있고, 사회·정치적 부담도 가중될 수 있었거든요.

시리 아, 흥선대원군이 경복궁을 중건할 때도 2년 정도 걸렸다는 이야기를 잠깐 잊고 있었네요. 지나치게 빨리 진행된 경복궁의 건설 기간을 표준으로 삼으면 안 되는 거였는데 말입니다. 그렇다면 임금님 때의 서울 재천도는 상당히 여유가 있었건 거네요?

태종 그렇다고 여유가 있었다라고 생각하는 것은 좀 너무 나간 판단입니다. 서울로의 천도를 확정했음에도 불구하고 신하들의 저항이 계속되더라고요. 저는 서울에 가끔 들러서 창덕궁 건설 현장을 방문하는 등 서울로의 천도 의지를 만방에 보여 줬는데도 신하들은 흉년을 비롯하여 이 핑계 저 핑계를 대면서 서울로의 천도를 방해했습니다. 이미 천도를 두 번이나 경험하여 천도

이슈에 대한 피로감이 높아진 시기였고, 고려로의 회귀를 꿈꾸는 세력도 거의 도태되어 있는 상태였지요. 그래서 고위 관료든 일반 백성이든 개성에서 서울로 자신들의 모든 재산을 옮기고 거처를 새로 마련해야 하는 엄청난 부담을 굳이 무릅쓰면서까지 해야 할 필요가 있느냐라는 실질적인 이유로 가기 싫어했습니다. 시간이 가면 갈수록 이래서는 천도를 못할 수도 있겠다는 판단이 서더라고요. 아버지 태상왕께서도 "내가 서울(漢陽)로 수도를 옮긴 경험이 있으니 지금 수도를 옮기는 일이 얼마나 번거로운지 어찌 모르겠느냐. 하지만 개성은 고려 왕씨의 옛 수도이니 계속 여기에 있을 수는 없다. 얼마 전 임금이 서울에서 다시 개성으로 수도를 옮긴 것은 나의 뜻을 따른 것이 아니다."고 말씀하실 정도로 서울로의 재천도를 간절히 바라셨습니다. 저는 정도전 선생의 사례를 다시 벤치마킹하기로 했습니다.

궁금 예? 여기서도 벤치마킹 이야기가 또 나오네요. 임금님, 혹시 창덕궁이 완성되지도 않았는데 임금님께서 거처를 개성에서 서울로 완전히 옮기시는 벤치마킹 아니었나요?

태종 궁금 씨도 이 프로그램을 오래 하더니 감각이 참 높아지셨네요. 바로 그겁니다. 저는 창덕궁이 완성되기 11일 전인 1405년 10월 8일에 개성을 출발하여 사흘 뒤인 11일에 서울에 도착하였습니다. 저에게는 나름 상황이 급박했던 것이었죠. 임시 거처로 신하 조준의 집을 택했습니다.

궁금 벤치마킹을 하셨다고 했지만 겨우 10일 정도밖에 앞당기지 못하신 거잖아요?

태종 겨우 10일이라니요. 금천교와 돈화문의 완성까지 계산하면 무려 5년 6개월 정도 앞당긴 겁니다.

궁금 아휴, 임금님. 그건 너무 억지 아니신가요?

태종 저도 압니다. 억지긴 억지죠. 하지만 그렇다고 100퍼센트 억지는 아닙니다. 그렇게 급박한 상황이라고 인식하지 않았다면 아마 금천교와 돈화문까지 다 완성한 뒤에 천도를 했을 겁니다. 금천교와 돈화문의 설계도까지 처음부터 완성되어 있었으니까요. 너무 급하게 천도하는 바람에 금천교와 돈화문을 그때 완성하지 못한 겁니다.

시리 무슨 말씀인지 알 것 같습니다. 그런데 약간 의문이 드

는 게 있는데요. 임금님께서 창덕궁에 거처하시면서 금
천교와 돈화문을 만들 수도 있던 것 아닌가요?

태종 그게 쉽지 않은 일이었어요. 저는 창덕궁이 완성된 다
음날인 10월 20일에 창덕궁으로 거처를 옮겼고, 26일
에 창덕궁이란 이름을 지어서 붙였습니다. 만약 제가
거처한 초기에 많은 인부들이 동원된 금천교와 돈화문
의 공사를 진행한다면 사람들이 뭐라고 하겠습니까. 아
직 완성도 되지 않은 궁궐에 들어앉은 성급한 임금이
라고 흉을 보지 않았을까요? 그렇다면 저의 권위가 떨
어지는 것이고, 그것은 국정 수행의 추진력도 함께 약
화시키는 일입니다. 저는 그런 상황을 만들지 말아야
했지요. 그래서 시간이 흘러 서울이 수도로서 확고하게
자리 잡고 사람들의 인식도 굳어졌을 때 금천교와 돈
화문을 만들어 창덕궁의 마지막 퍼즐을 완성하기로 했
습니다.

창덕궁터는 어떤 원리로 잡았을까

시리 임금님의 말씀을 들어 보니 서울로의 재천도가 생각했

던 것보다 어려운 일이었네요. 그냥 '1405년 10월 서울로 다시 천도했다' 이렇게 끝나 버리면 천도가 얼마나 어려운 일인지, 창덕궁의 금천교와 돈화문이 왜 나중에 완성되었는지를 이해할 수가 없는 거였네요. 새삼 역사를 너무 단순하게 정리하면 안 된다는 것을 깨달았습니다. 오늘 주어진 시간이 벌써 꽤 지났는데, 아직도 창덕궁 자체에 대해서는 시작도 못했습니다. 임금님, 이제부터는 좀 더 구체적으로 들어갔으면 좋겠는데요?

태종 저도 놀라고 있습니다. 그렇게나 시간이 많이 흘렀나요? 이러다가 다음 시간에 또 출연하는 건지 모르겠습니다. 그럼 뭐부터 할까요?

궁금 왜 그곳에 잡았는지부터 말씀해 주시면 좋을 것 같습니다. 지난 경복궁 설명 때도 그런 순서로 말씀해 주셨거든요.

태종 역시, 이 프로그램을 쭉 지켜 오신 궁금 씨다운 의견입니다. 그럼 왜 창덕궁터를 거기에 잡았느냐 하면요, 제가 상지관들에게 두 가지의 원칙을 제시했습니다. 첫째, 경복궁처럼 남향해야 한다. 둘째, 진입로에서 보았을 때 세종대로사거리에서 보았을 때만큼 하늘-산-궁궐의 3단계 풍경이 웅장하고 멋져야 한다. 이것이었죠.

궁금 그 점은 정도전 선생님과 같았네요?

태종 당연하죠. 조선이란 나라 안에서 다를 리가 있나요. 다만 창덕궁터를 정할 때 두 가지 완화 조건도 제시했습니다. 첫째, 서울에서 노른자위를 경복궁과 종묘가 이미 차지하고 있으니 궁궐의 구조가 경복궁처럼 좌우대칭의 행태가 아니어도 된다. 둘째, 서울의 간선도로망도 이미 정해진 상태에서 선택하는 것이니 3단계 풍경이 완벽하지 않아도 된다. 바로 이 두 조건이었죠.

시리 임금님 말씀을 들어 보니 원칙을 고수하시면서도 상당히 유연한 사고를 갖고 계셨네요.

태종 원칙을 고수하면서도 유연했다고요? 참 듣기 좋은 평가네요. 그렇게 말씀하시면 감사하게 받겠습니다. 원칙 없이 유연하기만 하면 그건 유연한 게 아니죠. 또 유연성 없이 원칙만 고수하면 그걸 실천해야 하는 사람들이 얼마나 힘들겠어요. 정도전 선생이 새 수도 서울의 도시계획을 설계할 때처럼 아무것도 없는 백지 상태에서 창덕궁터를 잡을 수 있었다면 굳이 저런 유연성은 발휘하지 않아도 되었을 겁니다. 하지만 이미 노른자위가 다 사라지고 도시 구조가 완성된 상태라는 조건 위에서 창덕궁터를 잡고 설계해 나가야 하는 거였잖아요. 아마 제가 아닌 다른 사람이었더라도 유연성을 발휘할 수밖에 없었을 겁니다. 참고로 저와는 다른 차원입니다만, 정도전 선생도 『주례고공기』의 좌조우사左祖右社나 전조후시前朝後市의 원칙을 적용할 때 상당히 유연하셨잖아요.

시리 임금님, 이번의 설명도 참 유연하셨습니다. 태종 임금님에 대한 인상이 처음엔 엄격하기만 할 것 같다고 생각했는데, 자꾸 바뀌고 있습니다.

태종 그래요? 정치는 정치로, 철학은 철학으로 분리해서 봐 달라고 했잖아요.

시리 무슨 말씀인지 알겠습니다. 이제부터는 두 가지의 원칙과 두 가지의 완화 조건 속에서 창덕궁의 핵심인 인정전터는 어떤 원리에 의해 잡으셨는지 그 부분을 설명해 주시면 감사하겠습니다.

태종 원리요? 정도전 선생이 원리를 말하기 전에 사진을 준비하여 보여 줬던데요. 저도 사진 하나 준비했습니다. 한번 보시죠.

궁금 우와! 하늘-산-궁궐의 3단계 풍경이 정말 웅장하고 멋진데요?

태종 하늘-산-창덕궁(돈화문)의 3단계 풍경이 정말 잘 드러나 있죠? 종로3가사거리에서 시작되는 돈화문로에서 돈화문 쪽으로 3분의 2 정도 온 지점에서 찍은 사진인데요, 뒤쪽의 산이 보현봉입니다. 상지관들이 제가 제시한 남향해야 한다는 첫 번째 원칙, 하늘-산-궁궐의 3단계 풍경이 웅장하고 멋져야 한다는 두 번째 원칙에 따라 찾아낸 겁니다. 정도전 선생이 경복궁의 근정전터를 어떻게 잡았느냐는 질문을 받았을 때 세종대로사거리에서 바라본 하늘-북악산·보현봉-경복궁(광화문)의 3단계 풍경을 상상하면서 근정전터를 잡았다고 했잖아요. 저도 마찬가지입니다. 아래의 사진을 한번 보세요.

궁금 와! 가로수에 가려서 그렇지만 보현봉이 엄청나게 커졌네요? 위의 사진보다 종로3가사거리에서 가까운 곳에서 찍으신 거네요.

태종 궁금 씨가 사진만 보고도 바로 맞히네요.

궁금 정도전 선생님으로부터 배운, 3단계 풍경에서는 가까이 다가갈수록 상대적으로 산이 작아지고, 멀어질수록 상대적으로 산이 커진다는 원리만 알면 되는 건데요 뭐. 만약 가로수가 없었다면 훨씬 더 웅장하고 멋있게 보였을 텐데 아쉽습니다.

태종 하하하! 맞습니다. 종로3가사거리에서 돈화문 쪽으로 3분의 1 정도의 지점에서 찍은 겁니다. 저도 저 가로수가 없기를 바라는데요. 창덕궁터를 제가 어떤 원리로 잡았는지 아는 사람이 한 명도 없기 때문에 가로수가 저렇게 무성하도록 놔둔 겁니다. 만약 가로수가 없었다면 저 길을 걸어가는 사람들이 저 풍경을 보면서 어떤 반응을 보였겠습니까? 입이 딱 벌어졌겠죠? 그러라고 창덕궁터를 저곳에 잡은 것이니까요. 저를 포함하여 창덕궁에 있는 임금을 만나러 오는 사람들은 무조건 저 길을 걸어와야 했잖아요. 그러면 누구나 저 풍경을 볼 수밖에 없습니다. 임금은 하늘의 명을 받아 우리 조선을 통치하는 지존의 존재라는 사실을 너무나 쉽게 느낄 수 있지 않을까요?

시리 결국엔 정도전 선생님이 경복궁터를 잡을 때와 똑같은 원리로 창덕궁터를 잡으신 거네요.

태종 이미 앞에서 말씀드린 그대로입니다. 만약 종로3가사거리에서 찍었다면 보현봉의 모습이 저 사진 속보다 훨씬 더 컸겠죠? 이 정도는 다 아시는 분들이니까 더 이상 사진을 보여 드리지는 않겠습니다만 산의 비율이 지나치게 큰 것은 이미 완성된 간선도로망을 전제로 만들었기 때문에 어쩔 수 없는 한계였습니다. 다만 어떻게 보면 산의 비율이 지나치게 큰 하늘-보현봉-창덕궁(돈화문)의 3단계 풍경이 저 길을 걸어오는 사람들을 훨씬 더 압도하면서 엄숙하게 만들었는지도 모릅니다. 이건 해석하기 나름이지요.

시리 혹시 저런 풍경을 서울의 다른 곳에서는 만들 수 없었던 건가요?

태종 세종대로사거리와 종묘 사이의 동서대로에서 북쪽으로 길을 만들었다면 웬만한 곳에서는 다 저런 3단계 풍경을 만들 수 있습니다.

시리 그렇다면 왜 굳이 창덕궁터를 저곳에 잡은 건가요?

태종 그건 땅의 기운(地氣)이 주산에서 시작하여 산줄기를 타고 흐른다는 풍수 논리와의 절충 때문에 그랬습니다.

시리 임금님 말씀만 듣고는 확 와닿지 않는데요. 더 자세하게 말씀해 주실 수 있나요?

태종 서울의 도성 안 북쪽 산줄기에서 궁궐이나 종묘처럼 중요한 건축물의 주산으로 설정할 수 있는 산은 북악산과 매봉▨▨ 두 개밖에 없습니다. 그래서 정도전 선생이 북악산에서 시작한 산줄기 끝에 경복궁터를, 매봉에서 시작한 산줄기에 종묘터를 잡은 겁니다. 풍수가 당시 사람들의 문화유전자로 자리 잡은 상황에서 풍수의 논리로 합리화되지 않으면 큰일이 납니다. 그러니까 아무리 3단계 풍경을 만들 수 있다고 하더라도 풍수의 주산을 설정할 수 없으면 안 되기 때문에 세종대로사거리와 종묘 사이에서는 궁궐터를 잡을 수 있는 곳이 없었던 거죠.

궁금 아, 알겠습니다. 경복궁이 엄청 크기 때문에 북악산을 배경으로는 더 이상 새로운 궁궐터를 잡을 수 있는 공간이 없었을 것 같습니다. 반면에 종묘는 중요하긴 하지만 건물터가 작기 때문에 매봉으로부터 뻗어 나온 산줄기 어느 지점에 창덕궁의 주요 건물터를 잡고는 저 풍경을 만들어 내신 거네요.

태종 하하하! 제대로 맞혔어요. 원리만 알면 쉽죠? 만약 종묘가 없었다면 종묘터에 창덕궁터를 잡았을 거예요. 하지만 이미 종묘가 있으니까 그 뒤쪽에 창덕궁터를 잡은 것이죠. 종로에서 저 3단계 풍경을 볼 수 있도록 진입로를 새로 만든 겁니다.

시리 임금님, 그러면 질문 드리고 싶은 게 하나 있는데요. 정도전 선생님이 근정전터를 잡을 때는 3단계 풍경을 먼저 상상하면서 그것을 시각적으로 가장 잘 체험할 수 있게 하는 지점에 근정전터를 잡았다고 하셨거든요. 그렇다면 창덕궁터를 잡을 때도 먼저 인정전터를 잡고 나서 저 3단계 풍경이 구현될 수 있도록 진입로를 만드신 건가요?

태종 그렇지는 않습니다. 산줄기 중간에 창덕궁을 만들어야 했기 때문에 먼저 인정전터를 잡았고요, 그 다음에 저 3단계 풍경이 구현될 수 있도록 진입로를 만들었습니다. 이 점에 대해서는 창덕궁의 구조를 이해하는 데 아주 중요하기 때문에 나중에 더 자세하게 말씀드리도록 하겠습니다.

궁금 그런데요 임금님, 혹시 저 보현봉이 세종대로사거리에서 보였던 그 보현봉 맞나요?

태종 당연하죠. 종묘에서 보았던 하늘-산-종묘(정문)의 3단계 풍경에서의 산도 보현봉이었잖아요. 궁금 씨, 종로 3가사거리에서 돈화문까지 직선으로 만들어진 돈화문로의 방향도 상상할 수 있겠죠?

궁금 남-북이 아니라 서북북-동남남 방향 아닌가요?

태종 맞아요. 이미 종묘의 진입로에서 경험하셨듯이 경북궁에서 멀리 떨어진 곳에서는 서북북-동남남 방향일 수밖에 없죠. 그런데 우리 조선에서 만든 서울지도에는 이런 사실이 잘 나타나 있지 않잖아요. 지난 편에서 정도전 선생이 준비했던 서울지도인 「도성도都城圖」(1750년대)를 저도 준비해 봤습니다. 한번 보시죠.

시리 저번 편에서 본 지도라 저희들에게도 많이 익숙합니다. 종묘의 진입로나 창덕궁의 진입로가 마치 정남-정북 방향인 것처럼 착각할 수 있게 그려져 있네요. 만약 방향이 정확한 현대의 서울지도였다면 서북북-동남남 방향의 돈화문로를 쉽게 확인할 수 있을 것 같습니다.

태종 제가 더 설명할 필요도 없네요. 이왕 이렇게 된 것, 방향이 정확한 현대의 서울지도도 준비했으니 그 다음 쪽을 보시죠.

궁금 당연한 것이지만 종묘의 진입로와 창덕궁의 진입로 방

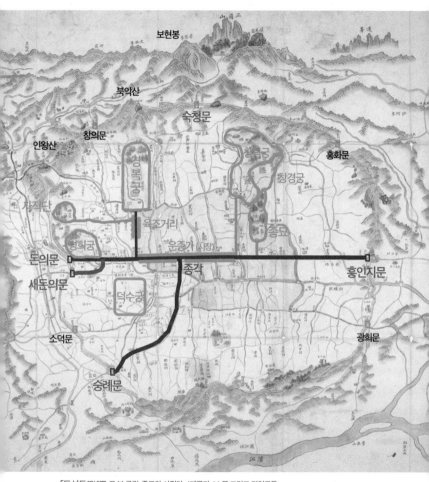

보현봉

북악산

숙정문

창의문

인왕산

창덕궁

홍화문

경복궁

창경궁

사직단

육조거리

병희궁

운종가(시장)

종묘

돈의문

흥인지문

새돈의문

종각

덕수궁

소덕문

광희문

숭례문

江漢

「도성도都城圖」로 본 궁궐, 종묘와 사직단, 4대문과 4소문 그리고 진입로들

창덕궁
인정전

돈화문

종묘 정전

외대문(정문)

향이 거의 같네요.

태종 그렇죠? 더 이상 무슨 설명이 필요하겠습니까?

서울에서 가장 멋진 그림

시리 원리만 알면 금방 설명이 가능한 건데, 아직까지 그 원리를 아는 분이 거의 없어서 많이 아쉽습니다. 하지만 우리 '역사 인물 환생 인터뷰'를 보시는 모든 시청자 여러분들은 알게 되셨으니까 그걸로도 다행입니다. 이제 아까 보셨던 돈화문로의 가로수를 모두 없애고 돈화문로의 가운데에는 인도를 만들어서 사람들이 돈화문로를 걸으며 웅장하고 멋진 하늘-보현봉-창덕궁(돈화문)의 3단계 풍경을 충분히 감상할 수 있게 만들 수 있도록 노력하면 좋겠습니다.

태종 저도 하늘나라에서 그런 생각을 늘 해 왔습니다. 경복궁 앞쪽의 세종대로에는 광화문광장을 만들어서 걸어갈 수 있게 해 놓았잖아요. 물론 만들어 놓긴 했지만 아쉽게도 원리를 알지 못해서 우리나라에서만 볼 수 있는 웅장하고 멋진 하늘-북악산·보현봉-경복궁(광화문)

의 3단계 풍경에 주목하는 사람들이 거의 없긴 하지만
요. 어쨌든 알든 모르든 돈화문로도 길 한가운데를 걸
어갈 수 있게 만들고 가로수를 모두 없애 버리면 광화
문광장 못지않게, 아니 더 웅장하고 멋진 하늘-보현
봉-창덕궁(돈화문)의 3단계 풍경을 사람들이 자연스럽
게 즐길 수 있을 겁니다. 돈화문로는 세종대로보다 더
좁기 때문에 그 풍경에 대한 인상이 더욱 강하게 다가
올 거예요. 여기서 세종대로에서는 볼 수 없는 풍경이
돈화문로에 있다는 새로운 사실을 알려 드리고 싶습니
다. 제가 만들었기에 저는 많이 봤지요. 아마 서울에서
가장 멋진 그림일 겁니다.

궁금 서울에서 가장 멋진 그림이요? 게다가 임금님께서 만
든 것이요? 음…… 아무리 생각해도 돈화문로에서 태
종 임금님이 만드신 그림이 현재까지 전해지고 있다는
소리를 들은 기억이 없습니다.

태종 아휴, 저는 당연히 알아들으실 거라 생각했는데 그렇지
않나 보네요? 진짜 그림이 아니라 진짜 그림 같은 풍경
을 말한 겁니다.

궁금 아, 죄송합니다. 제가 너무 단순했습니다. 그런데 아까

보여 주셨던 3단계 풍경보다 더 그림 같은 풍경이 돈화
문로에 있다고요? 잘 상상이 안 되는데요?

태종 이건 경복궁에 없는 것이니까 정도전 선생도 상상하지
못했을 겁니다. 말로 설명하면 이해가 어려울 것 같아
서 아예 사진을 가져왔습니다. 자, 띄워 주시죠.

시리 와~ 설명이 필요 없을 정도로 정말 멋진 돈화문이네

창덕궁의 돈화문 풍경

요. 임금님께서 말씀하신 그림 같은 풍경 맞네요. 그런데, 아까 세종대로에서는 볼 수 없는 풍경이라고 말씀하셨잖아요? 저는 저 풍경을 세종대로에서 봤습니다.

태종 진짜요?

시리 구체적으로야 똑같을 리 없겠지만, 광화문의 10미터 정도 앞에서 보면 전체적인 구도가 똑같은 풍경이 펼쳐집니다.

태종 맞습니다. 전체적인 구도에서는 똑같은 풍경일 겁니다. 하지만 가운데를 잘 보시면 세종대로에서는 볼 수 없는 뭔가가 있습니다. 궁금 씨가 한번 맞혀 보세요.

궁금 아~ 가운데 문틀 속에 풍성한 나무와 그 위에 산의 모습이 있는데요?

태종 맞아요. 바로 그거예요. 광화문 10미터 앞에서 바라본 광화문의 문틀 속에는 저 풍경이 없어요. 큰 사진으로 보니까 감이 덜 올 텐데요. 실제로 가서 보면 저렇게 작게 보이지 않습니다. 그래서 그 부분만 좀 확대한 사진을 보겠습니다.

궁금 정말 멋진데요? 임금님께서 왜 멋진 그림이라고 하셨는지 알 것 같아요.

돈화문 중앙 문틀 사이로 보현봉이 작품처럼 걸려 있다.

태종 하하하! 혹시 안시리 아나운서, 저 멋진 그림이 우연히
     만들어졌다고 생각하시나요?

시리 와~ 제가 봐도 정말 멋진 그림입니다. 문틀 속에 쏙 들
     어가 있는 것이니까 우연히 만들어졌다고 보기는 어려
     울 것 같습니다.

태종 제가 명령해서 만든 겁니다. 문틀 속에 쏙 들어가 있는
     산이 보현봉인데요. 돈화문로에서는 그렇게나 크게 보

였던 보현봉이 문틀 속에 저렇게 쏙 들어가 있을지 아무도 상상하지 못했을 겁니다. 그런데 저 사진은 아무것도 아닙니다. 대한민국은 언제부턴가 나무를 너무 사랑해서 없어야 할 곳에 있는 나무까지 엄청 아끼며 가꾸더라고요. 저 문틀 속의 나무들이 저렇게 왕성한 생명력을 자랑하면 안 됩니다. 아래쪽 나무 정도만 있고 그 위에 보현봉이 멋지게 얹혀 있으면 됩니다. 제가 만들 때 그렇게 했거든요. 저 사진도 정말 멋진 그림이긴 하지만 제가 만든 모습대로 보시면 훨씬 더 멋진 그림이 될 거예요. 사람들이 원리를 모르니까 저렇게 나무를 왕성하게 키워 놓아 그림을 망치고 있어요. 제가 창덕궁을 나왔다가 다시 창덕궁으로 들어갈 때는 늘 저 가운데의 문으로 가마를 타고 들어갔는데, 그때마다 저 그림을 보면서 정말로 흐뭇했거든요.

시리 저도 보고 나니까 너무 아쉽네요. 여기서 질문 하나 드리고 싶습니다. 제가 알고 있기로는 저 가운데의 문으로는 임금님만 오가실 수 있었다고 들었는데요. 신하들이 드나들던 좌우의 문에도 저 그림이 있었나요?

태종 예, 있어요. 좌우의 문 정면 앞쪽에서 바라보면 거의 똑같은 그림이 문틀 속에 들어 있습니다. 저 그림은 단지 멋있으라고 만든 것이 아니라 임금의 범접할 수 없는 권위를 느끼라고 만든 것이기 때문에 저 문을 드나드는 신하들이 늘 보게 하는 것이 중요했습니다.

궁금   지금은 관광객의 시선으로 보지만 옛날에는 권위의 관점에서 봤어야 한다는 말씀이네요?

태종   맞아요. 정도전 선생이 말했잖아요. 웅장함도 화려함도 다 권위를 표현하는 방법이었다고……. 저 문틀 속 그림의 아름다움도 마찬가지입니다.

궁금   무슨 말씀인지 알겠습니다. 그런데 임금님, 질문이 하나 더 있습니다. 저는 창덕궁에 여러 번 갔는데, 문틀 속의 저 그림을 한 번도 보지 못했습니다. 저 그림을 볼 수 있는 어떤 비밀스러운 열쇠라도 만들어 놓으신 건가요?

태종   하하하! 그럴 리가 있나요. 돈화문로를 걸어와서 돈화문을 통과하는 모든 사람이 보라고 만들어 놓은 건데요. 여러분들이 그런 경로를 통해 창덕궁을 방문하여 구경한 적이 없기 때문에 못 보신 겁니다. 다들 돈화문 왼쪽의 매표창구에서 표를 사고 곧바로 돈화문으로 들어가시잖아요. 그러면 저 문틀 속의 그림은 볼 수 없는 것이죠. 돈화문 앞쪽의 일정한 지점에서만 저 문틀 속의 그림이 보이거든요. 돈화문로를 걸어오면서 앞쪽을 주시하면 다들 볼 수 있는데요. 지금은 돈화문로 가운데가 찻길이고 가로수가 너무 무성해서 양 옆의 인도를 따라와 횡단보도를 건너 돈화문을 들어오면 보기가 어렵긴 합니다.

시리 임금님, 저도 창덕궁에는 정말 여러 차례 갔었는데 문틀 속의 저 그림을 본 적이 없습니다. 그래서 궁금했는데, 마침 궁금 씨가 질문해서 알게 되었습니다. 아마 궁금 씨와 저만 그런 것이 아닐 겁니다. 창덕궁에는 일년에도 수십만 명이 다녀갈 텐데요, 문틀 속의 저 그림을 본 사람은 거의 없을 겁니다. 참 아쉬운 부분입니다. 이제 시간이 다 되어 끝날 때가 되었는데요. 경복궁의 광화문에는 문틀 속의 저 그림이 왜 없는지도 무척 궁금합니다. 하지만 이건 다음 시간에 첫 질문으로 드리도록 하겠습니다.

태종 하하하! 그 질문 나올 줄 알았습니다. 간단하게 설명 드릴 수 있는데, 벌써 시간이 다 되었다고 하니 다음 주에 첫 번째로 설명해 드리도록 하겠습니다.

시리 오늘은 태종 임금님을 모시고 서울로의 재천도, 창덕궁 터를 어떤 원리로 잡았는지와, 서울에서 가장 멋진 그림 등에 대해서 알아보았습니다. 정도전 선생님이 들려주셨던 '임금의 권위가 살아 있는 풍경의 연출'과, 하늘-산-궁궐의 3단계 풍경의 구현이라는 원리가 경복궁과 동일하게 창덕궁에서도 적용되었다는 것을 확인할 수 있었습니다. 또 한편으로는 원리는 같지만 구체적으로 들어가면 경복궁과 비교하여 창덕궁의 풍경만이 갖고 있는 독특한 맛도 엿볼 수 있었습니다. 오늘 재미있고 놀라운 이야기를 열정적으로 해 주신 태종 임금님께 감사드립니다. 그리고 함께해 주신 궁금 씨와 청중 열 분, 늦은 밤까지 시청해 주신 시청자 여러분께도 감사드립니다. 다음 주에 더 재미있고 유익한 이야기로 만나 뵙겠습니다. 안녕히 계십시오.

창덕궁과 창경궁의
구조는 독특하고
후원은 아름답다

시리 　시청자 여러분, 안녕하십니까. 역사 방송 아나운서 안
　　　시리 인사드립니다. 지난주 태종 임금님을 모시고 서울
　　　에서 개성으로, 개성에서 서울로의 재천도 이야기, 창
　　　덕궁터를 선정한 원리, 하늘-보현봉-창덕궁(돈화문)의
　　　3단계 풍경, 서울에서 가장 멋진 그림 등의 이야기를
　　　들었습니다. 오늘도 태종 임금님을 모시고 창덕궁에 대
　　　해 못다 한 이야기 그리고 새로운 창경궁 이야기를 들
　　　어 보겠습니다. 그럼, 태종 임금님을 모시겠습니다. 열
　　　렬한 환영의 박수 부탁합니다. 임금님 어서 오십시오.

태종 　안녕하세요. 지난주에 이어 두 번째로 출연하는 태종
　　　이방원입니다. 정도전 선생이 먼저 출연했을 때 둘째
　　　날의 기분이 지금의 저와 같지 않았을까 생각됩니다.
　　　약간 익숙해진 듯하면서도 첫날 못지않게 떨리네요. 아
　　　무튼 오늘도 여러분들이 모르고 있는 창덕궁과 창경궁
　　　이야기를 해 드리기 위해 열심히 달려 보겠습니다.

돈화문에서 인정전까지 길은 왜 두 번 꺾일까

시리 　열심히 달려 보겠다고 말씀하시니까 또 우리가 몰랐던

창덕궁과 창경궁의 어떤 이야기가 기다리고 있을지 무척 기대됩니다. 오늘도 청중 열 분과 궁금 씨가 자리를 해 주셨습니다. 환영합니다.

궁금   안녕하세요. 톡톡 튀는 역사도우미 궁금 인사드립니다. 그런데 오늘은 아쉬운 말씀부터 드려야 할 것 같습니다. 늘 제가 해 오던 첫 질문의 포문을 안시리 아나운서가 뺏어간다고 합니다. 대신 제가 하고 싶은 멘트가 있습니다. 자, 안시리 아나운서 무척 기대되는데요. 첫 질문의 포문 멋지게 열어 주시기 바랍니다.

시리   하하하! 지난주 말미에 창덕궁의 돈화문 문틀 속의 멋진 그림이 경복궁의 광화문 문틀 속에는 왜 없는지 질문을 드렸었는데요. 시간 관계상 대답은 오늘 해 주신다고 말씀하셨습니다. 임금님, 왜 없는 건가요?

태종   예, 광화문 뒤쪽으로는 홍례문-근정문-근정전이 직선으로 이어지기 때문입니다. 만약 돈화문 뒤쪽으로도 경복궁처럼 진선문-인정문-인정전이 직선으로 이어졌다면 보현봉의 봉우리가 쏙 들어가 있는 문틀 속의 멋진 그림은 만들어질 수 없었을 겁니다. 여기서 참고로 말씀드리면 광화문의 문틀 속에는 홍례문-근정문의 문틀과 근정전의 월대 아래쪽이 연속으로 담겨져 있어서 돈화문 문틀 속의 그림보다는 못하더라도 나름대로 멋진 그림이 있죠. 사람들이 광화문 전체에만 초점을 맞추어 문틀 속의 그림을 잘 보지 않기 때문에 본 사람이 거의 없을 겁니다.

시리 저도 나중에 광화문 앞에 가서 문틀 속의 그림을 꼭 보도록 하겠습니다. 이제 광화문 문틀 속에는 왜 돈화문 문틀 속의 그 그림이 없는지 그 이유는 충분히 알게 되었습니다. 그런데 연속적으로 이어지는 질문이 하나 있습니다. 왜 창덕궁에서는 돈화문-진선문-인정문-인정전을 일직선으로 만들지 않은 것인가요? 일반적으로 자연지형을 잘 이용하여 조화롭게 만들었기 때문이라고 설명하던데요.

태종 창덕궁 설계의 최종 승인자로서 저는 돈화문-진선문-인정문-인정전이 일직선으로 되지 않은 것이 자연스럽게 나타난 현상이 아니라 철저한 계획으로 이루어진 것임을 분명히 말씀드립니다. 자, 다음의 지도를 한번 보시죠.

대조전

인정전　선정전　희정당

금천　내의원

금천교

진선문　인정문

돈화문

종묘 정전

먼저 창덕궁에서 가장 먼저 선택한 곳은 인정전인데, 이는 풍수 전문가인 상지관의 말을 따랐습니다. 매봉에서 내려온 산줄기 중 종묘 정전의 뒤쪽 구역에서만 선택할 수 있었는데요. 종묘 정전으로 내려가는 산줄기에서 서쪽으로 갈라져 나온 작은 산줄기의 남쪽 끝에 인정전의 터를 잡았습니다. 상지관들은 그곳이 땅의 기운(地氣)이 솟아나는 혈처穴處라고 보고했는데요. 저는 풍수지리를 믿지 않지만 그 정도의 위치라면 별 문제가 없다고 생각하여 흔쾌히 OK했습니다. 그 다음에 남향한 인정전을 중심으로 회랑을 두르는 것은 경복궁의 근정전에서 이미 자세히 들으셨으리라 보고 더이상 설명하지는 않겠습니다. 그 회랑의 남쪽 방향에 인정전과 일직선으로 인정문을 만들었는데요, 인정문 남쪽으로는 곧바로 종묘 정전을 풍수적으로 감싸는 신성한 산줄기 공간이어서 해쳐서는 안 되기 때문에 더 이상 남쪽의 문은 만들 수 없었습니다. 그러니 인정전과 연결되는 진입로는 인정문을 중심으로 자연스럽게 서쪽으로 꺾일 수밖에 없었죠. 금천이라는 하천과 만나기 직전에 진선문을 만들고 이곳도 경복궁처럼 회랑으로 둘렀습니다. 그 다음에 금천교를 놓았고, 다시 남쪽으로 꺾어서 하늘-보현봉-창덕궁(돈화문)의 3단계 풍경을 잘 구현할 수 있는 돈화문터를 잡았습니다.

시리 임금님의 설명을 들으니까 인정전-인정문-진선문-금천교-돈화문의 진입로를 어떤 이유로 어떻게 계획하셨는지 이제 충분히 이해가 되었습니다. 좀 정리해 보면요, 인정전터를 풍수적으로 잡은 것도 계획적인 것이고, 남향하여 인정문터를 잡은 것도 계획적인 것이며, 인정문터 앞에서 서쪽으로 꺾은 것도 그 앞쪽의 산줄기가 풍수적으로 종묘 정전의 신성한 공간이었기 때문에 계획적으로 피한 것이고, 금천교를 넘어 남쪽으로 꺾어 돈화문터를 잡은 것도 하늘-보현봉-창덕궁(돈화문)의 3단계 풍경을 잘 구현할 수 있는 원리에 따라 계획적으로 잡은 것이다, 이 말씀이네요?

태종 저는 계획이란 말을 넣지 않았는데 안시리 아나운서가 계획이란 말을 넣어서 다시 정리해 주시니까 설명이 훨씬 더 정확해진 것 같습니다. 감사합니다.

시리 너무 칭찬을 해 주시니까 괜히 쑥스럽네요. 저도 감사합니다. 그런데 지도와 함께 임금님의 설명을 들으면서

새로운 의문이 하나 생겼습니다. 임금님께서는 인정전
→인정문→진선문→금천교→돈화문의 순서로 설명해
주셨는데요. 가만히 보면 금천교-진선문의 진입로가
정서-정동의 방향이 아니라 서서남-동동북으로 기울
어져 있습니다. 임금님의 설명을 들었는데도 왜 그렇게
된 것인지 잘 이해가 안 되는데요. 설명해 주실 수 있나
요?

태종 안시리 아나운서의 관찰력이 정말 예리하네요. 맞아요.
이해하기 편하라고 그 순서대로 말씀드렸지만, 실제로
는 그 순서대로 계획하진 않았습니다. 첫 번째로 터를
잡은 곳은 당연히 풍수의 혈처라는 인정전터였죠. 인정
전-인정문은 정확하지는 않지만 정북-정남 방향에 가
깝게 계획했습니다. 두 번째로 터를 잡은 곳은 하늘-보
현봉-창덕궁(돈화문)의 3단계 풍경이 잘 구현된 돈화문
터였습니다. 이곳의 진입로 방향은 지난주에 이미 말
씀드린 이유 때문에 정북-정남이 아니라 서북북-동남
남으로 약간 기울어졌습니다. 이런 조건 속에서 돈화
문으로 통과한 진입로를 금천교 앞에서 90도로 꺾으면
당연히 정서-정동 방향이 아니라 서서남-동동북으로

비스듬하게 기울어지게 됩니다. 그리고 연쇄적으로 정북-정남의 인정전-인정문 직선 축과도 90도로 만나지 못하게 됩니다. 앞의 지도에서 보이는 창덕궁의 진입로 구조가 바로 그렇게 되어 있습니다.

궁금 임금님의 설명이 복잡한 듯하지만 앞 지도를 살피며 들으니까 그렇게 어렵지는 않았습니다. 약간 엉뚱한 질문인 것 같은데요. 혹시 인정전-인정문-진선문-돈화문을 직선 축으로 만들 방법은 전혀 없었나요? 그렇게 하면 하늘-보현봉-창덕궁(돈화문)의 3단계 풍경을 통해 '임금의 권위가 살아 있는 풍경의 연출' 효과가 더 컸을 것으로 보이는데요.

태종 그렇게 만들 방법이 있었다면 저도 그렇게 만들었을 겁니다. 경복궁이 바로 그렇게 되어 있잖아요. 일직선 축은 간단해서 이해하기도 쉽고 좌우대칭의 엄격성을 표현하기 위해 일반적으로 사용하는 방법이기도 합니다. 하지만 이미 도시계획이 끝난 조건 속에서 선택한 창덕궁 구역에서는 그렇게 할 수가 없었습니다.

궁금 왜요?

태종 그건 간단한 이유 때문입니다. 남북으로 뻗은 산줄기의 양 옆으로는 무엇이 있을까요? 궁금 씨가 한번 생각해 보겠어요? 힌트로 앞의 지도에도 그것이 나옵니다.

궁금   혹시 금천요?

태종   맞아요. 북쪽에서 남쪽으로 뻗은 산줄기 양쪽으로는 북쪽에서 남쪽으로 흐르는 하천이 있을 수밖에 없어요. 그런 하천을 우회하게 하여 직선 축의 궁궐을 만들 수는 있습니다. 하지만 혹시라도 엄청나게 큰 비가 오면 계곡에서 형성된 물이 우회시킨 하천이 아니라 원래의 하천길을 따라 쏟아져 내려와 궁궐에 큰 피해를 입힐 가능성이 아주 높습니다. 궁금 씨라면 그런 곳에 궁궐을 지을 수 있을까요? 아니겠죠?

궁금   당연히 아니죠. 무슨 말씀인지 알겠습니다.

태종   그럼 다음으로 돈화문-금천교-진선문-인정문-인정전의 중심축을 제외한 창덕궁 안의 다른 구조에 대해서도 간단하게 설명 드리도록 하겠습니다. 인정전터를 산줄기의 남쪽 바로 끝에 잡다 보니까 그 뒤쪽 공간은 아무것도 위치시킬 수가 없었습니다. 따라서 경복궁처럼 임금이 거처하며 일상적으로 정사를 보는 사정전이나,

잠자고 식사를 하는 강령전, 왕비가 생활하는 공간인 교태전 같은 건축물은 들어설 수 없게 됩니다. 자연스럽게 사정전에 해당되는 선정전, 강령전에 해당되는 희정당, 교태전에 해당되는 대조전 같은 건축물들은 만물이 생장하는 방향인 인정전의 동쪽에 위치시켰습니다. 그리고 내의원·홍문관 같이 임금의 정사를 가까이서 돕는 관청들은 인정전의 서쪽에 자리 잡았는데, 경복궁에서도 이것은 동일했습니다. 휴식 공간인 정원의 위치와 규모는 경복궁과 가장 다른 부분인데요. 이에 대해서는 창경궁을 설명하고 나서 따로 살펴보도록 하겠습니다. 아, 잠깐 잊고 있었는데요. 인정전 주변의 회랑도 북쪽 부분은 산줄기로 막혀 있기 때문에 굳이 만들 필요가 없었습니다.

창경궁은 왜 남향이 아니라 동향일까

시리 임금님의 설명을 다 듣고 난 소감은 임금님의 논리가 충분히 수긍되면서도 결과론적으로는 창덕궁의 구조가 자연지형을 잘 이용하여 조화롭게 만들었다는 일반적인 설명도 완전히 틀린 것은 아닌 것 같은데요?

태종 맞아요, 저도 그렇게 생각합니다. 다만 인정전터와 돈
화문터의 선정, 돈화문-금천교-진선문-인정문-인정
전의 중심축 등이 모두 계획적으로 이루어졌다는 것을
전제로 결과론적으로 자연지형을 잘 이용하여 조화롭
게 만들어졌다고 말해야 합니다. 앞의 것을 생략한 채
뒤의 것만 말하면 그건 본질은 보지 못하고 현상만 피
상적으로 설명한, 주객이 전도된 설명이라고 다시 한
번 말씀드립니다.

시리 본질과 현상이란 표현이 상당히 인상적이네요. 지금까
지는 본질을 보지 못한 채 현상만 피상적으로 이해하
고 설명하려 했던 거네요. 이제 충분히 이해되었습니
다. 창덕궁의 정원인 후원에 대해서는 나중에 따로 살
펴 주신다고 했으니까 이제는 창경궁에 대해 본격적으
로 시작해 주시기 바랍니다.

태종 예, 창경궁에 대해 본격적으로 들어가 보죠. 1418년 8
월 10일 제가 임금의 자리에서 상왕으로 물러나고 아
들 충녕대군이 새로운 임금 세종으로 등극하였습니다.
이미 예정된 일이었기 때문에 그 전부터 저는 상왕으

로 물러나 거처할 곳을 준비했고, 그래서 터잡기와 방향 등 대부분의 계획에 적극적으로 관여를 했습니다. 1418년 11월 3일에 수강궁壽康宮이란 이름으로 제가 거처할 곳이 완성되었고, 성종 임금 때인 1483~1484년 사이에 할머니, 어머니, 큰어머니를 모시기 위해 대대적으로 확장하고 창경궁昌慶宮으로 이름을 바꾸었지만 기본 틀을 바꾸지는 않았습니다. 이후 여러 번 불탔다가 중건되기는 했지만 제가 만들 때의 기본 틀은 계속 유지되었는데요. 먼저 질문부터 드리고 싶습니다. 안시리 아나운서, 창경궁에 가 보셨죠?

시리 여러 번 가 봤습니다.

태종 혹시 창경궁이 왜 동향을 했는지 그런 생각을 해 보신 적 있나요? 먼저 동향한 창덕궁의 지도를 다음 쪽에서 보여 드리겠습니다.

시리 그러고 보니까 경복궁도 창덕궁도 남향을 했는데 창경궁만은 동향을 했네요. 창경궁에 갔을 때는 그냥 궁궐의 건축물을 구경하거나 산책하는 기분을 내는 것이 주목적이었기 때문에 동향했다는 사실에 특별히 주목해서 생각해 본 적은 없습니다.

명정전　　명정문　　홍화문　　서울대
　　　　　　　　　　　　　　　　　임병원
　　　　　　　　　　　　　　　　　센터

태종　다들 그러실 겁니다. 나중에 만들어진 경희궁의 숭정전
　　　과 덕수궁의 중화전도 남향이거든요. 따라서 동향을 한
　　　창경궁은 분명히 독특한 겁니다. 그러면 왜 창경궁은
　　　동향을 했는지 상당히 궁금해했어야 하는데, 너무들 당
　　　연하게 생각해서 그러지 않았던 것 같습니다.

궁금　그러면 창경궁을 동향으로 잡은 사람이 임금님이시란
　　　의미인 것 같은데요, 왜 동향으로 잡으셨나요?

태종　물론 제가 동향으로 잡은 사람 맞습니다. 그러면 왜냐?
　　　그것을 설명하기 전에 먼저 왜 창경궁터를 그곳에 잡
　　　았는지부터 이야기해 드릴게요. 지난주 서울의 도성 안
　　　북쪽 산줄기에서 궁궐이나 종묘처럼 중요한 건축물의
　　　주산으로 설정할 수 있는 산은 북악산과 매봉(鷹峯) 두

개밖에 없는데, 북악산을 주산으로 삼은 경복궁의 규모가 컸기 때문에 종묘의 주산이기도 한 매봉을 주산으로 삼아 창덕궁터를 잡았다고 말씀드렸습니다. 똑같은 이유로 창경궁터도 매봉을 주산으로 삼아 창덕궁의 바로 동쪽에 정했는데, 문제가 하나 생겼습니다. 혹시 궁금 씨, 무슨 문제였을지 생각해 보실래요?

궁금 음…… 창덕궁터를 잡을 때도 상지관들을 동원하셨을 것 같은데요. 땅의 기운(地氣)이 흐르다 솟아난 풍수의 혈처를 찾기가 어렵다는 보고를 받으신 것 아닌가요?

태종 제가 풍수지리를 믿지 않는 사람이니 그런 보고가 올라왔다고 하더라도 따를 리는 없었겠죠. 만약 그런 일이 벌어졌다면 상지관들에게 어떻게든 지금의 창경궁터가 풍수의 명당 형국이라는 논리를 만들도록 했을 겁니다. 안시리 아나운서도 한번 생각해 보실래요?

시리 혹시 하늘-보현봉-창경궁의 3단계 풍경을 만들지 못했던 것 아닌가요?

태종 맞아요. 바로 그겁니다. 상지관들에게 창덕궁 동쪽에서 풍수의 혈처를 찾아보라고 하니까 어떻게든 찾아서 보고가 올라오더라고요. 그 정도의 위치라면 별 문제

창경궁 홍화문 앞 서울대학교병원에서 본 창경궁과 무악(안산), 인왕산, 북악산, 보현봉.

가 없다고 생각하여 흔쾌히 OK했는데요. 그 다음에 제가 질문을 던졌습니다. 하늘-보현봉-창경궁의 3단계 풍경은 잘 구현될 수 있느냐고요. 그랬더니 상지관들이 바르르 떨면서 진입로를 이리저리 구상해 봐도 매봉에서 남쪽으로 뻗은 산줄기의 동쪽에서는 하늘-보현봉-창경궁의 3단계 풍경을 구현할 방법을 찾지 못했다는 겁니다. 그래서 제가 직접 상지관들을 데리고 실제로 둘러보며 이리저리 찾아봤습니다. 그런데 묘하게도 그 자리에서는 하늘-보현봉-창경궁의 3단계 풍경을 구현할 수가 없더라고요. 그래서 저도 고민에 빠질 수밖에 없었습니다.

시리 그러면 하늘-보현봉-창경궁의 3단계 풍경을 구현하는 것을 포기할 수밖에 없었다는 의미네요. 창경궁에는 3단계 풍경이 없는 건가요?

태종 그게 참 어려운 문제였습니다. 하늘-산-궁궐의 3단계 풍경은 우리 조선에서는 '임금의 권위가 살아 있는 풍경의 연출'이란 원리에서 빠져서는 안 되는 원칙이었기 때문에 그걸 포기하고 창경궁을 만들기도 그렇고, 그렇다고 보현봉으로는 3단계 풍경을 만들어 낼 수도 없고…… 정말 난감했습니다. 제가 실제로 둘러봐도 찾을 수 없는 걸 상지관들에게 찾아내 보라고 닦달해 봐야 찾아질 리도 없으니 말이죠.

궁금 임금님의 성향상 아무리 유연성을 발휘할 수 있다고 하더라도 원칙까지 포기하지는 않으셨을 것 같습니다. 뭔가 다른 대안을 마련하셨을 것 같은데요?

태종 다른 대안요? 하하하! 궁금 씨가 정확하게 맞혔습니다. 지금 창경궁 바로 정면에 서울대학교병원이 있는데요. 매봉에서 창덕궁과 종묘를 향해 뻗어 내린 산줄기의 일부가 갈라져 나온 산줄기라서 지대가 높습니다. 그곳에 있는 암병원센터의 4층이나 5층에 올라가서 창경궁을 바라보면 일직선으로 늘어선 명정전-명정문-홍화문의 건물들이 한눈에 멋지게 보인답니다. 제가 창경궁 터를 돌아볼 때도 그 언덕에 올라가서 내려다본 적이 있는데, 그때 '바로 이거다!' 이런 생각이 확 떠올랐죠.

궁금 임금님, 혹시 거기서는 보현봉이 보였나요?

태종 그곳에서 서북북 방향에 보현봉이 우뚝 솟아 있으니 보이긴 합니다. 명정전-명정문-홍화문은 정서-정동 방향의 일직선으로 늘어서 있죠. 따라서 하늘-보현봉-

창경궁(홍화문)의 3단계 풍경은 당연히 만들어질 수 없습니다. 그때 언덕에서 정서쪽을 바라보았을 때 제 눈에 확 띈 것이 있었는데요. 연세대학교 뒷산인 안산, 즉 무악이었습니다. 아~ 무악을 배경으로 하여 하늘-무악-창경궁의 3단계 풍경을 구현해 내면 되겠구나! 무악을 보는 순간 이런 생각이 확 떠오르더라고요. 지금 서울대학교 암병원센터의 4층이나 5층에 가서 창경궁을 바라보면 무악-명정전-명정문-홍화문이 일직선으로 뻗어 있는 멋진 풍경을 보실 수 있는데요. 그게 제가 명령해서 만든 것으로 창경궁이 동향을 하게 된 근본 이유입니다. 많은 사람들이 그 풍경을 보더라도 창경궁의 건물들에만 초점을 맞추고 무악을 빼먹던데요. 다들 하늘-산-궁궐의 3단계 풍경이 우리 조선에서 '임금의 권위가 살아 있는 풍경의 연출'이란 원리의 핵심이었다는 것을 모르고 있기 때문입니다. 서울대학교 암병원센터의 4층이나 5층에서 바라본 무악-명정전-명정문-홍화문의 일직선 풍경 사진을 가져왔으니 한번 보시죠.

시리 창경궁이 동향을 했던 것이 그런 이유 때문이었군요!

정말 대단하십니다. 저도 서울대학교 암병원센터에 가서 꼭 확인해 봐야 할 것 같습니다. 그런데 임금님, 궁금한 게 하나 있습니다. 제가 창경궁을 여러 번 가 봤는데요, 홍화문 바로 앞에 남북의 창경로가 있고 바로 맞은편에 서울대학교 암병원센터가 있더라고요. 따라서 동쪽에서 서쪽의 홍화문으로 연결되는 진입로를 만들기가 쉽지 않았을 것 같은데, 어떻게 진입로를 만드셨나요?

태종 정확히 보셨어요. 홍화문과 앞쪽의 언덕 사이가 좁아서 그곳에는 동쪽에서 서쪽의 홍화문으로 연결되는 긴 진입로를 만들 수 없습니다. 그러니 그것을 포기할 수밖에 없었죠. 대신 지금의 창경궁로처럼 종로에서부터 남북의 진입로를 만들고 홍화문 앞에서 바로 서쪽으로 꺾어서 들어가도록 했습니다.

시리 임금님, 홍화문 바로 앞에서 서쪽을 바라보면 하늘-무악-창경궁(홍화문)의 3단계 풍경이 멋지게 펼쳐지나요?

태종 홍화문 너무 가까이에서 서쪽을 바라봐야 하기 때문에 3단계 풍경은 전혀 보이지 않아요. 가까이에서 바라봤을 때 산이 사라지고 광화문이나 돈화문만 보였던 것

서울대학교병원에서 본 창경궁. 홍화문 ┅▶ 명정문 ┅▶ 명정전 ┅▶ 무악(안산)으로 일직선이다.

처럼 홍화문만 보입니다.

시리 제가 봐도 그럴 것 같았습니다. 그렇다면 그걸 하늘-무악-창경궁(홍화문)의 3단계 풍경이 구현된 것으로 볼 수 있나요? 너무 억지스러운 것 아닌가요?

태종 너무까지는 아니고 좀 억지스럽긴 합니다. 홍화문을 통해 창경궁을 드나드는 사람들의 눈으로 체험할 수는 없으니까요. 다만 눈은 아니더라도 마음의 눈으로는 체험할 수 있습니다.

궁금 마음의 눈이요? 뭔가 좀 억지스러운 것 같으면서도 신비한 느낌도 드는데요?

태종 풍수가 문화유전자로 자리 잡으면요, 사람들의 눈에 안 보이는 산줄기도 보이는 것처럼 설명합니다. 허허벌판인데도 땅의 기운(地氣)이 논두렁을 따라 흘러간다는 식으로요. 조선에서는 그런 식의 관념을 표현하여 풍수의 관점에서 0점인 곳도 100점인 것처럼 그린 그림식 지도가 엄청 많았습니다. 게다가 없으면 인위적으로 작은 산이나 숲을 만들어 명당 형국을 보완하는 비보풍수도 엄청 발달했죠. 기존의 지명을 풍수적 의미로 바꾸거나 하는 경우도 비일비재했습니다. 다들 주변의 지형과 흐름을 마음의 눈으로 보는 것인데, 이런 건 풍수에서만 나타나는 것이 아닙니다. 민속신앙이든 고등종교든 신앙을 갖고 있지 않은 사람의 관점에서는 절대로 보이지도 믿기지도 않는 많은 현상을 신앙인들은 보인다며 믿잖아요. 그러니 마음의 눈으로 보이는 하늘-무악-창경궁(홍화문)의 3단계 풍경을 말한다고 해서 그게 너무 억지스럽다고까지 말할 필요는 없습니다. 물론 풍수를 믿지 않는 여러분들의 시각에서는 충분히 억지스럽다고 말할 수 있지만 풍수가 문화유전자로 자리 잡은 그 시대에는 그렇지 않았습니다. 게다가 진입로에서 보이지 않을 뿐 하늘-무악-창경궁(홍화문)의 3단계 풍경이 없는 것도 아니잖아요. 이미 말했듯이 서울대학교 암병원센터의 4층이나 5층에 올라가서 바라보면 하늘-무악-창경궁(홍화문)의 3단계 풍경이 너무나 멋있게 보이니까요.

시리 임금님, 무슨 말씀인지 알겠습니다. 먼저 풍수를 종교처럼 간주하면 마음의 눈으로 본다는 것을 이해할 수 있다는 의미네요. 그리고 지금의 관점이 아니라 풍수가 문화유전자로 자리 잡은 당시의 관점에서 바라보아야 한다는 의미이기도 하고요.

태종 맞습니다. 안시리 아나운서가 짧게 잘 정리해 주셨습니다.

시리 저도 그렇게 생각은 하지만 자꾸 잊게 되네요. 어쨌든 창경궁이 왜 동향을 했고, 하늘-산-궁궐의 3단계 풍경 이 어떻게 구현되어 있는지는 충분히 설명해 주신 것 같습니다. 아주 작은 질문인데요, 경복궁과 돈화문은 문이 세 개인데 왜 창경궁만 홍화문과 명정문으로 문 이 두 개인지 알 수 있을까요?

태종 그거요? 제가 상왕이 되어서 살려고 만든 궁궐이잖아 요. 아무리 상왕이라고 해도 임금의 자리에서 물러난 사람이니까 임금과 동일한 대우를 받으면 안 되어서 문 하나를 줄인 겁니다. 게다가 세 개의 문을 설치하고 싶어도 창경궁의 터가 너무 좁아요. 저야 문을 두 개로 만들었지만 나중에는 세 개로 확장할 수도 있었을텐 데, 터가 너무 좁아서 안 했던 것 같습니다.

궁궐 안의 산속 자연풍경, 창덕궁 후원

시리 자, 이것으로 창덕궁과 창경궁 구조의 독특함에 대한 임금님의 말씀은 어느 정도 정리가 된 것 같습니다. 그럼 이제부터 나중에 말씀해 주시겠다고 미루었던 창덕궁의 후원에 대한 이야기를 시작하기로 하겠습니다. 임금님, 괜찮으신가요?

태종 예, 좋습니다. 창덕궁과 창경궁의 많은 건물에 붙여진 이름의 의미나 구조, 거기에서 일어났던 정치적 사건이나 에피소드 등에 대해서는 다른 전문가들이 다 이야기하는 것 같으니까 저는 지금까지 사람들이 몰랐던 두 궁궐의 큰 틀만 소개하고 넘어가겠습니다. 창덕궁의 후원에 대해서도 건물이나 연못 하나하나가 아니라 역시 지금까지 사람들이 잘 몰랐던 정원으로서의 특징에 대해 이야기해 드리도록 하겠습니다. 이를 위해서 먼저 창덕궁의 후원 지도를 다음 쪽에서 한번 보실래요?

시리 지도로 보니까 또 색다른 것 같습니다. 임금님, 당연한 이야기이지만 지금 전해지고 있는 후원의 건물과 연못은 다 임금님께서 만드신 것은 아니죠?

태종 당연하죠. 제가 만든 것은 지금 전해지고 있는 게 하나도 없습니다. 다만 창덕궁 설계의 최종 승인자로서 당시 창덕궁 안의 정원에 대한 계획도 다 들어 있었기 때

태극정

옥류천

취규정

존덕지

관람지

연경당

애련지

춘당지

부용지

대조전

후원입구

인정전

명전전

문에 큰 틀에서는 저만큼 잘 설명할 수 있는 사람을 찾기 어려울 겁니다. 그래서 이미 말씀드렸듯이 건물이나 연못 하나하나가 아니라 지금까지 사람들이 잘 몰랐던, 후원이 갖고 있는 정원으로서의 독특함을 개괄적으로 말씀드리려고 합니다. 그럼 시작하는 의미로 제가 간단한 질문부터 해 볼까요? 궁금 씨, 후원 가 봤죠? 어땠나요?

궁금   예, 봄과 가을에 각각 한 번씩 두 번 가 봤습니다. 어땠냐고요? 두 번 다 환상적이었습니다. 꿈속의 세상을 보는 듯했다고나 할까요?

태종   외국의 전통정원도 혹시 가 봤나요?

궁금   예, 많이 가 봤습니다. 중국의 북경, 소주, 항주에 가니 전통정원이 정말 많았고, 일본에서도 교토를 비롯하여 곳곳에서 전통정원을 만날 수 있었습니다. 물론 프랑스에 갔을 때 어마어마한 규모의 베르사유 궁전의 정원도 보았고, 스페인의 그라나다에 가서는 알람브라 궁전의 이슬람식 정원도 보았습니다. 생각해 보니까 전통정원을 정말 많이 본 것 같네요. 궁전, 영주의 성, 귀족의 저택에 가면 다 필수적으로 있었던 것 같습니다.

태종 궁금 씨가 정말 대답을 잘해 주셨네요. 외국여행을 하면서 전통정원을 그만큼 많이 봤다는 궁금 씨의 말은, 전통정원이 상당히 흔했다는 의미기도 하겠죠? 그럼 여기서 질문 하나 더 드리겠습니다. 궁금 씨, 그런 정원들에 갔을 때 환상적인 느낌은 없었나요? 꿈속의 세상을 보는 듯하지 않았나요?

궁금 예? 음…… 다 환상적이었고 꿈속의 세상을 보는 듯했습니다.

태종 제가 쉼 없이 연속적으로 질문하면 당황하여 '다르게 대답해야 하는 건가?' 이렇게 생각할 수도 있는데, 궁금 씨가 당황하지 않고 상당히 솔직하게 대답해 주셔서 고맙습니다. 바로 그겁니다. 창덕궁의 후원만이 아니라 세계 다른 나라의 궁궐이나 영주성, 귀족의 저택에 있는 전통정원들도 다 환상적이고 꿈속의 세상을 보는 듯하게 만들었습니다. 따라서 혹시라도 창덕궁의 후원만이 갖고 있는 독특함을 찾고 싶다면 그런 느낌만으로는 설명될 수 없을 거예요.

시리 임금님, 그렇다면 창덕궁 후원만의 독특함은 없는 것인가요?

태종 창덕궁 후원만의 독특함이나 특징이라고 말할 수 있으려면 다른 나라의 궁궐이나 영주성, 귀족의 저택에 있는 전통정원과 다른 점을 의미하겠죠? 분명히 있습니다. 안시리 아나운서는 혹시 그런 독특함이나 특징을 들어본 적 있나요?

시리 자연과 잘 어우러진 정원이라고 들었지만…… 이미 그런 표현은 창덕궁의 구조를 말할 때 비판을 하도 많이 들어서 자신은 없습니다.

태종 그게 왜 후원의 독특함이나 특징이 되는 거죠? 만약 그렇게 말하려면 다른 나라의 전통정원은 자연과 잘 어우러진 정원이라고 말할 수 없게 되는 건데요. 어떻게 생각하나요?

시리 제가 듣기로는 다른 나라의 전통정원은 다 인공적으로 만들었다고 하던데요. 아, 이제 생각이 났습니다. 정도전 선생님이 경복궁의 경회루 정원과 향원정 정원을 말씀하실 때 다른 나라의 전통정원은 정원에서 즐기며 휴식할 배경으로서의 풍경을 다 인공적으로 만든 반면에 우리나라의 정원은 있는 그대로의 자연을 풍경으로 삼았다고 하셨어요. 창덕궁의 후원도 풍경은 있는 그대로의 자연 아닌가요?

태종 맞아요! 바로 그겁니다. 창덕궁의 후원은 있는 그대로의 자연을 정원의 풍경으로 삼은 반면에 다른 나라의 정원은 자연을 닮았든 기하학적으로 만들었든 풍경을 다 인공적으로 만든 차이가 있습니다. 그럼 다른 나라의 정원은 왜 자연 그대로를 풍경으로 만들지 못했느냐? 반대로 창덕궁의 후원은 어떻게 자연 그대로를 풍경으로 만들 수 있었느냐? 이걸 풀어 내야 하잖아요. 이번엔 궁금 씨, 왜 그랬던 것 같나요?

궁금 예? 저요? 음…… 지난 편에서 정도전 선생님이 말씀하신 것을 참조하면 다른 나라의 도시는 완전 평지나 산 또는 언덕 위에 만들었기 때문에 자연을 끌어올 수 없었던 반면에 서울은 풍수의 원리로 산과 산줄기로 둘러싸인 분지로 선택되었기 때문에 자연이 도시 깊숙이 들어와 정원의 배경으로 삼을 수 있었습니다. 창덕궁의 후원도 그런 도시의 연장선상에서 보면 되지 않을까요?

태종 바로 그겁니다. 서울이라는 도시는 자연이 도시 깊숙이 들어와 있어 정원의 배경을 인공적으로 만들 필요가 없었고, 그것이 다른 나라의 정원에서는 볼 수 없는 '자연과 잘 어우러진 정원'이라는 독특함 또는 특징을 만들어 낸 겁니다. 이 점에서는 경복궁의 경회루 정원과 향원정 정원 그리고 창덕궁의 후원이 공통적입니다. 이를 잘 모르는 사람들이 너무나 많더라고요.

궁금 임금님, 그런 공통점이 있다는 것은 충분히 이해하겠습니다. 그런데 경복궁의 경회루 정원과 향원정 정원은 밖으로 탁 트인 구조를 하고 있는 반면에 창덕궁의 후원은 산속에 푹 들어가 있는 느낌이라는 큰 차이가 있던데요?

태종 하하하! 두 궁궐의 정원 모두 자연을 풍경으로 끌어온 '자연과 잘 어우러진 정원'이라는 공통점을 갖고 있으면서도 구체적으로 들어가면 확 다른 느낌이 듭니다. 바로 궁금 씨가 말했던 것처럼 경회루 정원과 향원정 정원은 밖으로 탁 트인 구조를 하고 있는 반면에 창덕궁의 후원은 산속에 푹 들어가 있는 전혀 다른 느낌을 주고 있거든요. 그럼 이런 차이가 왜 나타난 것일까요? 답은 아주 간단합니다. 경복궁은 산 밑에 만들었지만 산줄기로부터 많이 떨어진 넓고 평평한 곳에 자리 잡은 반면에 창덕궁은 산줄기 사이의 좁고 경사진 곳에 자리 잡았기 때문입니다. 이런 조건의 차이 때문에 경복궁은 궁궐의 영역 안에 산을 포함할 수 없었고, 창덕궁은 궁궐의 뒤쪽 영역에 산을 포함할 수 있었습니다. 그 결과 경복궁의 경회루 정원과 향원정 정원은 궁궐 밖 자연풍경을 정원의 배경으로, 창덕궁의 후원은 궁궐 안 산속의 자연풍경을 정원의 배경으로 삼게 되었습니다. 창덕궁처럼 궁궐 안에 자연 그대로의 산을 갖고 있는 궁궐은 전 세계에서 거의 찾을 수 없을 거예요. 따라서 창덕궁 후원처럼 궁궐 안 산의 풍경 그대로를 정원의 풍경으로 삼은 정원도 전 세계에서 거의 찾아볼 수 없을 겁니다. 아마 유일하지 않을까 싶습니다.

시리 임금님의 말씀을 다 듣고 나니까 여기서도 본질과 현상이라는 개념을 가져다가 설명하면 좋지 않을까 합니다. '자연과 잘 어우러진 정원'이라는 특징은 현상이고 그렇게 할 수 있었던 본질은 창덕궁이 풍수의 논리로 산과 산줄기로 둘러싸인 도시, 그중에서도 산줄기 속에 만들어진 궁궐이었기 때문에 가능했던 것이라고 정리할 수 있지 않을까 하는데요.

태종 이번에도 안시리 아나운서가 잘 정리해 주셨습니다. 바로 그겁니다. 현상만 말하는 것도 그럴듯한 것은 맞지만, 본질은 모른 채 현상만 말하면 왜 그런 현상이 나났는지 원인을 이해할 수 없게 됩니다. 지금까지 우리나라 사람들은 본질은 모른 채 바로 현상만 그럴듯하게 말해 왔습니다.

자연풍경을 더욱 돋보이게 만드는 방법들

시리 임금님의 설명 덕분에 창덕궁 후원의 독특함 또는 특징과 그것을 만들어 낸 원인에 대해서는 충분히 이해하였습니다. 그럼 이제부터는 후원을 직접 여행하면서 자연 그대로의 풍경을 어떻게 정원의 풍경으로 삼았는지 살펴볼 때가 된 것 같은데요, 어떠신가요?

태종 좋습니다. 이제 창덕궁의 후원 안으로 들어가 보죠.

시리 예, 좋습니다. 그럼 본격적으로 설명해 주십시오.

태종 자연과의 조화를 중요하게 여긴 창덕궁 후원의 정원이든 인공적으로 모든 것을 만든 외국의 정원이든 그 둘은 공통점이 있어요. 정원 안에 들어가면 바깥세상과 단절된 꿈같은 세상처럼 느껴진다는 거예요. 물론 경복궁의 경회루 정원과 향원정 정원은 바깥세상과 단절되지 않으면서도 꿈같은 세상처럼 느껴지게 만들었지만요. 정도전 선생이 이미 말했겠지만 아마 이런 정원도 유일할 겁니다. 어쨌든 바깥세상과 단절된 꿈같은 세상처럼 느껴지기 위해서는 아주 중요한 첫 번째 장치가 있는데, 정원 안만 열심히 본 사람들은 이걸 너무 쉽게 지나치더라고요. 궁금 씨, 후원을 두 번이나 가 봤고, 다른 나라의 전통정원도 많이 봤으니까 한번 무엇일지 생각해 보실래요?

궁금 음…… 뭘까요? 바깥세상과 단절된 꿈같은 세상처럼 느껴지게 하는 것…… 혹시 진입로 아닌가요?

태종 맞았어요. 예를 들어 일본 교토에 가면 전통정원이 엄청 많은데, 그중에서 가장 유명한 것은 금각사金閣寺와 은각사銀閣寺 정원입니다. 금각사 정원의 경우 출입문을 통과하면 진입로를 90도로 두 번 꺾게 만들어서 정원 밖에서는 정원 안쪽이 전혀 보이지 않게 되어 있습니다. 은각사 정원은 더 복잡하게 만들었는데요. 진입로를 90도로 두 번 꺾었을 뿐만 아니라 마치 긴 터널처럼 만들어 놓았습니다. 중국 북경에 가면 황제의 거대한 정원인 이화원顧和園이 있는데요. 진입로가 S자 형식으로 되어 있어 정원 안과 밖을 완벽하게 차단하고 있습니다. 중국에서 가장 유명한 소주蘇州의 졸정원拙政園도 일본 교토의 은각사처럼 출입문을 통과하면 마치 좁은 터널을 지나는 것처럼 진입로가 길게 만들어져 있고, 그 끝에서 90도로 꺾어 또 하나의 문을 지나야 정원 안이 됩니다. 지금까지 사례로 든 것 외에도 다른 나라의 유명한 전통정원을 가시면 꼭 출입문과 진입로의 형식을 잘 관찰해 보세요. 구체적인 형태야 다를 수 있지만 정원 안이 바깥세상과 단절된 꿈같은 세상을 느낄 수 있도록 진입로가 만들어져 있을 겁니다.

궁금 무슨 말씀인지 알겠습니다. 그러면 창덕궁 후원의 진입로는 어떤가요?

태종 창덕궁의 후원은 인정전, 선정전, 희정당, 대조전 등의 핵심 지역과 언덕으로 구분되어 있는데, 여러분들이 구경하러 들어갈 때 통과하는 진입로로 들어가든 대조전의 샛문으로 들어가든 이 언덕을 넘어야 후원 영역에 들어서게 됩니다. 따라서 후원과 창덕궁의 핵심 지역과는 지형적으로 완벽하게 단절되어 있지요. 후원이 창덕궁 뒤쪽의 골짜기에 만들어졌기 때문에 언덕을 정원의 안과 밖을 나누는 가림막으로 자연스럽게 사용한 겁니다. 게다가 지금 여러분들이 구경하러 들어갈 때 통과하는 진입로도 구불구불 후원과 연결되니 꿈같은 세상으로 들어가는 통로로는 아주 훌륭하죠.

시리 저도 후원에 몇 번 가 봤지만, 안내자를 열심히 따라가느라 미처 진입로의 의미를 생각해 보지 못했습니다. 당연한 것 같지만 조금만 생각하면 중요한 역할을 하는 장치였네요.

태종 정원 안에 들어가면 바깥세상과 단절된 꿈같은 세상처럼 느껴지게 만드는 또 하나의 장치가 있습니다. 이 또한 너무 당연하게 여겨져서 아무도 주목하지 않는 것 같은데요. 혹시 안시리 아나운서가 무엇일지 말해 줄 수 있나요?

시리 정원 안과 바깥세상을 단절시키는 것으로 진입로 말고 또 있다면…… 당연히 담장 아닌가요?

태종 맞아요. 경복궁의 경회루 정원과 향원정 정원은 그렇지 않은 아주 특이한 사례이지만 다른 나라의 전통정원을

가 보면 다 담장으로 바깥세상과 차단을 합니다. 담장
을 성벽처럼 아주 높게 만들기도 하고요, 그렇게 높지
않더라도 시각적인 관점에서 바깥세상과 차단될 수 있
도록 담장을 만듭니다. 그런데 창덕궁의 후원은 이런

담장이 아니어도 바깥세상과 차단된 꿈같은 세상을 느낄 수 있게 하는 장치가 있습니다.

궁금 정원이 골짜기에 있으니까 당연한 것 아닌가요?

태종 궁금 씨가 갑자기 치고 들어와서 깜짝 놀랐지만, 바로 그거예요. 후원이 골짜기에 있기 때문에 창덕궁의 핵심 지역과 언덕으로 나누어지듯이 굽이굽이 만들어진 골짜기의 산줄기와 물줄기가 정원과 바깥세상을 차단시키는 역할을 합니다.

시리 자연스럽게 담장이 생긴 거네요.

태종 맞아요. 자연스럽게 생긴 겁니다. 다만 아무리 그래도 궁궐이기 때문에 담장은 당연히 있어야겠죠. 여기서 강조하고 싶은 것은 골짜기에 정원을 만들면 담장이 없더라도 바깥세상과 차단된 꿈같은 세상을 구현하는 데 별 지장이 없다는 겁니다.

시리 임금님, 그러면 이제부터 본격적으로 창덕궁의 후원으로 들어가는 거네요. 처음에 만나는 곳이 부용지인데요. 후원의 정수가 이곳이 아닌가 합니다.

태종 저도 부용지 구간이 창덕궁 후원의 정수라고 봐요. 창덕궁의 핵심 지역과 가장 가까우니까요. 우선 부용지와 부용정 등 연못과 정자 등을 자세히 볼 수 있는 지도부터 볼까요?

시리 임금님, 지도로 보니까 또 색다른데요. 부용지에서 안내자로부터 들은 가장 인상적인 내용이 하늘은 둥글고 땅은 네모지다는 천원지방天圓地方 사상이 아닌가 합니다. 이에 대한 문제점은 이미 들어서 알고 있지만요.

태종 안시리 아나운서도 아시겠지만 천원지방의 설명이 틀린 건 아니죠. 부용지 연못의 모양이 네모지고 그 안의 섬을 원으로 만든 것은 천원지방 사상을 따른 것이니까요. 다만 몇 번 들었겠지만 왜 천원지방 사상을 굳이 빌려 와서 연못과 섬을 만들었느냐, 이게 더 중요합니다.

창덕궁 후원의 사각형 연못인 부용지와 그 안에 있는 원형 섬

궁금 정도전 선생님께서 정원의 배경인 자연의 풍경을 더욱
     아름답게 만드는 방법이라고 말씀하셨어요.

태종 그렇죠. 부용지 부근에 있는 자연 그대로의 산기슭과
     나무들의 풍경을 더욱 아름답게 만들기 위해서 인공적
     인 것은 가장 단순하게 만든 것이고, 이를 위해 도형 중
     에서 가장 단순한 사각형과 원을 끌어들이기 위해 천
     원지방 사상을 빌려 온 거죠. 창덕궁과 창경궁 전체를
     그린 「동궐도東闕圖」란 초대형 그림을 보면 후원의 연못
     은 딱 두 가지의 모양밖에 없습니다.

궁금 하나는 사각형이고, 다른 하나는 뭐예요?

태종 반원입니다.

궁금 임금님, 저 지도를 보면 부용지 동쪽의 춘당지는 사각
형이나 원과 전혀 다르게 구불구불한데요. 이건 어떻게
된 건가요?

태종 하하하! 관찰 잘 하셨네요. 「동궐도」의 설명과 좀 맞지
않지요? 왜 그럴까요?

궁금 혹시 나중에 다시 만든 건가요?

태종 맞아요. 「동궐도」는 1800년대에 제작된 것이지만, 춘당

「동궐도」중 창경궁 후원 부분

지는 그 이후에 만든 거예요. 여기서 힌트 하나 드리자면, 조선식 정원에서는 저렇게 구불구불한 연못을 만든 적이 없어요. 그렇다면 언제 만든 걸까요? 이번엔 안시리 아나운서가 대답해 보실래요?

시리 혹시 일제강점기요?

태종 비슷해요. 1909년이에요. 그땐 이미 외교권과 군사권 등을 일본에게 다 빼앗긴 시기였는데, 그 영향으로 일본식 정원을 창경궁 안에 새로 만든 겁니다. 만약 조선식으로 만들었다면 분명히 사각형으로 만들었을 겁니다. 조선에서 저렇게 구불구불하게 연못을 만들면 손가락질을 했을 테니까요. 물론 조선식이라는 말은 조선이란 나라에 한정되며, 우리나라 역사 전체를 가리키는 것은 아닙니다. 통일신라 때 만든 정원인 경주의 동궁과 월지에서 연못은 직선과 곡선이 정말 다양하게 이용되었습니다. 이에 대해서는 아마 '역사 인물 환생 인터뷰' 제작팀에서 준비하고 있을 것이라 예상됩니다. 안시리 아나운서 맞나요?

시리 예? 확실히는 모르겠습니다만 삼국시대와 통일신라시대도 준비하고 있는 것으로 알고 있습니다. 아마 그때

하지 않을까 합니다.

태종 꼭 진행되면 좋겠습니다. 경복궁과 창덕궁에 있는 정원 형식은 풍수가 수도의 입지와 구조에 영향을 미치고 나서 형성된 것이죠. 최초의 풍수도시는 후삼국시대의 개성이니까 그 이전에는 오늘 말하는 정원 형식이 없었을 겁니다. 이에 대해서는 아마 그때 다시 자세하게 논의되지 않을까 합니다.

시리 꼭 다룰 수 있도록 제작팀에게 오늘의 이야기를 전달하도록 하겠습니다. 그럼 부용지 이야기를 좀 더 해 주실 수 있을까요?

태종 부용지에 있는 부용정이란 정자가 유명하죠? 우리나라의 정자 건축물치고는 꽤나 복잡한 구조를 하고 있으니까요. 이에 대해서는 제가 건축 전문가는 아니기 때문에 그냥 넘어가고, 정조 임금이 만든 왕실도서관에 대해 이야기하려고 합니다. 부용정 맞은편 건물의 1층 규장각奎章閣은 임금과 관련된 자료를 보존하던 서고였고, 2층 주합루宙合樓는 열람실이었습니다. 정조 임금이 이렇게 멋진 정원 안에 왕실도서관의 본관 건물을 만들었다는 것은 당시의 정치 개혁에서 왕실도서관을 얼

부용지 풍경. 왼쪽부터 부용정, 서향각, 주합루, 영화당

마나 중요하게 여겼는지를 알려 줍니다. 나중에 우리나라와 중국의 책을 지속적으로 수집하여 장서량이 총 8만여 권이나 되었다고 합니다. 요즘 여러분의 시각으로보면 별것 아닌 숫자 같지만 전통시대의 관점에서 보면 엄청나게 큰 왕실도서관이었습니다. 장서량이 증가하여 서고를 계속해서 늘렸는데요. 서고는 임금의 초상

화와 글씨를 보관하던 봉모당奉謨堂, 우리나라 책을 보존
하던 서고西庫, 책의 보존을 위해 정기적으로 햇볕이나
바람에 말리던 서향각書香閣, 중국에서 수입한 책을 보존
하던 개유와皆有窩와 열고관閱古觀 등이 있었습니다. 지금
은 서향각만 남아 있지만 부용정 주변에는 이런 건물
들이 꽉 들어차 있었던 거죠. 임금이 거동하여 과거시

힘을 직접 관장하던 영화당暎花堂이 동쪽을 막고 있어서 부용지와 부용정 일대는 정말 꿈같은 세상이었는데요. 젊은 신하들에게 이렇게 멋진 정원에서 열심히 공부만 하면서 자신의 개혁 정치를 뒷받침하도록 만든 정조 임금에게 찬사를 보냅니다. 어쨌든 저런 건물들은 모두 후원의 중요한 구성 요소였는데요. 그 당시 신하들이 2층 주합루에서 열심히 공부하다가 잠시 쉬면서 바깥 풍경을 바라보았다면 어떤 느낌이 들었을까요? 부용지 근처를 지나시면서 한번 상상해 보기 바랍니다.

시리 정말 좋았을 것 같습니다. 이렇게 멋진 후원 안에 왕실 도서관을 만들었다는 것이 신진 세력을 통한 정조 임 금님의 개혁 의지가 분명하게 담겨 있는 상징이란 생 각은 미처 해 보지 못했습니다. 그럼 이제 어디로…….

태종 이제부터는 설명을 간단하게 할게요. 영화당을 지나 모 퉁이를 돌면 불로문不老門으로 들어가는데요. 애련정과 연못을 지나치지 마시고 잘 보시길 바랍니다. 솔직히 엄청 멋있지는 않습니다. 넓은 사각형의 연못에 단순한 구조의 정자가 하나 달랑 있는데요. 이게 연못이 있는 우리 조선 정원의 가장 대표적인 형식입니다. 연못과 정자의 단순함에만 초점을 맞추면 별것 없지만, 정자에 앉아서 휴식을 취할 때 바라보일 풍경이란 관점에서 보면 그렇게 단순하지는 않을 겁니다. 정자에 앉아서 보면 주변 산기슭의 나무와 정자 등이 다 풍경으로 다가왔을 테니까요. 조선 양반의 가옥 형식으로 지어 연회장으로 사용했다는 연경당 역시 제가 건축 전문가가 아니니까 설명하지는 않겠습니다. 나중에 누군가가 양반 집을 설명할 때 해 줄 것이라 생각하는데요. 안시리 아나운서 혹시 계획이 있나요?

시리 하하하! 그것까지는 제가 모르겠습니다만 언젠가는 하지 않을까 합니다.

태종 예, 알겠습니다. 불로문을 나오면 다음 코스는 관람지와 관람정, 존덕지와 존덕정, 승재정 등이 있는 구간입니다. 이 구간은 부용지 구간보다 골짜기가 깊어 물이 많고 바위도 꽤 있어서 연못도 만들고 바위 곳곳에 정자도 만들었습니다. 여기서도 연못이 좀 변형되었는데요. 원래는 앞에서 이야기했듯이 사각형과 반원이었습니다. 이렇게 깊은 골짜기에서는 사각형과 반원의 연못을 만들기가 생각보다 쉽지 않은데요. 그렇게 만들려고

애련지와 애련정

존덕정(왼쪽), 관덕정(중앙), 승재정(오른쪽) (국가문화유산포털)

존덕지와 존덕정

관덕지와 관덕정

했다는 것 자체가 자연풍경을 더 돋보이도록 단순하게 만들고 싶어 했던 경향을 잘 보여 줍니다. 그리고 바위 곳곳에 만든 정자 자체를 구경하는 것도 좋지만 그런 정자에 앉았을 때 어떤 풍경이 펼쳐졌을지 상상해 보시면 더 좋을 겁니다. 그림 같지 않을까요?

궁금　정말 그림 같아요. 제가 구경 갔을 때는 문화재로 인식하는 연못과 정자 등만 구경했지, 정작 정자에 앉았을 때 어떤 풍경이 펼쳐질지 그런 생각은 못했거든요.

태종　그럴 겁니다. 정원으로 기능할 때도 정자와 연못을 구경 안 한 것은 아니지만, 정원에서 가장 중요한 것은 정자에 앉았을 때 바라보이는 풍경이라는 것을 잊지 않았으면 좋겠습니다. 자, 이제 마지막 코스인 취한정·소요정·청의정·태극정·농산정의 옥류천 구간인데요. 여기서는 농업국가였던 조선에서 임금이 농사짓는 것을 상징적으로 체험하는 작은 논, 기와가 아닌 짚으로 지붕을 얹은 청의정 등이 가장 주목을 받습니다. 풍경이야 다 좋은데요, 옥류천 구간은 바위와 물과 산기슭이 잘 어우러진 가장 좁은 골짜기라는 점에 초점을 맞추면 좋겠습니다. 그래서 정자가 밀집되어 있고 연못이

취한정

없으며 바위에 물길까지 새겨 놓았잖아요. 창덕궁의 후원 중에서 가장 자연 그대로인 곳으로 참 아기자기합니다. 이런 골짜기라면 궁궐 밖에서도 거의 비슷하게 만들지 않았을까요?

궁금 궁궐 밖에서도요?

태종 하하하! 궁궐 안만 이야기하다가 갑자기 궁궐 밖을 이야기하니까 놀라시네요. 궁궐 밖에도 정원이 엄청 많았겠죠? 그 이야기는 나중에 다른 분이 해 주실 것 같은

소요암과 옥류천 (왼쪽), 소요정 (오른쪽)
태극정 (아래)

청의정 (위)
농산정 (아래)

데요, 일단 맛보기로 하나만 말씀드리죠. 궁궐 안이든 밖이든 우리나라의 정원에는 두 부류가 있어요. 하나는 경복궁의 경회루 정원 같은 거고요, 다른 하나는 창덕 궁의 후원 같은 겁니다. 두 가지를 벗어나는 건 거의 없

지요. 두 가지 모두 세계적으로 독특함을 갖고 있기 때문에 궁궐 밖에 엄청 많았던 우리나라 정원들도 거의 모두 세계적으로 독특했다고 보면 되겠죠?

경복궁과 창덕궁은
왜 성벽이 아니라 담장으로 둘러쌓나

시리 무슨 말씀인지 알겠습니다. 궁궐 밖의 정원에 대해서는 우리 제작팀이 다음에 자세히 다룰 시간을 준비하고 있는데요. 맛보기로 살짝 보여 주시니까 벌써 궁금해집니다. 창덕궁의 후원은 정자와 연못이 있는 곳도 그렇지만 구간 사이를 옮겨 다니는 길도 모두 멋지고 꿈같은 세상이더라고요. 다만 멋지고 꿈같은 느낌이라는 관점에서는 다른 나라의 전통정원도 다 비슷하기 때문에 창덕궁의 후원이 갖고 있는 독특함을 설명할 수 없다는 점을 다시 한번 말씀드립니다. 임금님, 이제 아쉽게도 시간이 거의 다 되어 가고 있네요.

태종 안시리 아나운서가 창덕궁의 후원이 갖고 있는 독특함을 다시 한번 언급해 주셔서 감사드리고요, 후원 이야기는 이제 끝났습니다. 진짜 마지막으로 딱 하나만 말씀드리고 저의 이야기는 마치려고 합니다. 여기서 안시리 아나운서에게 마지막 퀴즈 하나 드리고 싶은데요. 경복궁과 창덕궁에서 담장이 아닌 성벽을 보신 적 있나요?

시리 예? 갑자기…… 임금님의 말씀을 듣고 보니 경복궁과 창덕궁에서는 성벽이 아니라 담장이라고 말하는 것이 자연스러운 것 같습니다. 그런데, 그게 왜 중요하죠?

태종 왜 중요하냐고요? 그러면 또 하나의 퀴즈를 드려 볼게요. 안시리 아나운서는 다른 나라를 많이 여행해 보셨다고 했잖아요. 성벽 말고 담장으로 둘러쌓은 궁궐을 본 적이 있나요?

시리 그러고 보니까 없는 것 같습니다. 자금성도 그렇고, 알람브라 궁전도 그렇고…… 참 신기하네요. 왜 경복궁과 창덕궁은 성벽으로 둘러쌓지 않은 거죠?

태종 알고 나니까 신기하죠? 다른 나라의 궁궐이 특이한 것이 아니라 우리나라의 궁궐이 특이한 겁니다. 보통 궁궐은 전쟁이나 전투가 벌어졌을 때 최후의 방어 거점으로 건설되지요. 그러니까 담장이 아니라 방어력이 높

경복궁의 광화문 (위), 자금성의 북서쪽 성벽과 해자 (중간), 스페인의 알람브라 궁전 (아래)

은 성벽으로 둘러쌓여 있어야 합니다. 제가 다 보지 않아서 100퍼센트라고 말하지는 못하겠지만 다른 나라의 궁궐 대부분은 그렇게 되어 있을 겁니다.

궁금 임금님, 저도 말씀을 들어 보니까 너무 신기한데요. 그럼 경복궁과 창덕궁은 방어력을 포기한 건가요?

태종 강한 외부의 공격에는 방어력 자체를 포기한 거죠.

궁금 왜요?

태종 성벽을 둘러 봤자 방어력이 없으니 아예 포기한 거예요.

궁금 성벽을 둘렀는데 방어력이 없다는 게 이해가 잘 안 되는데요?

태종 풍수의 논리로 서울을 정했고 궁궐의 위치를 잡을 때도 풍수의 논리를 끌어왔기 때문에 경복궁과 창덕궁은 위치 자체에서 방어력을 갖추기가 어렵지요. 경복궁 주변에는 궁궐 안을 훤하게 들여다볼 수 있는 북악산과 인왕산이 있고, 그 산줄기로 둘러싸여 있습니다. 그리고 경복궁의 동북쪽 아주 가까이에는 지대가 높아서 경복궁 안쪽이 훤히 바라보이는 북촌의 전망대가 잘 알려져 있는데요. 그곳에서는 경복궁을 공격하기가 아주 쉽습니다.

시리 말씀을 들어 보니까 경복궁처럼 궁궐 안쪽을 훤히 내려다보며 공격할 수 있는 사례는 거의 본 적이 없는 것 같습니다. 그러면 창덕궁은 어떤가요?

태종 창덕궁과 창경궁은 하나로 연결되어 있잖아요? 창경궁을 이야기할 때 말씀드린 아주 가까운 서울대병원 쪽에서 창경궁의 안쪽을 훤히 바라보며 공격할 수 있고요, 창덕궁 후원 뒤쪽도 마찬가지입니다. 그러니 성벽을 쌓아 봤자 방어력이 있을 리가 없죠.

시리 결국엔 성벽을 만들어 봤자 방어력이 없으니까 아예 포기한 거네요. 그럼 서울 도시계획의 모델이었던 개성에서도 이런 현상이 있었나요?

태종 맞아요. 거기서부터 있었던 거고 서울에서는 그대로 따라서 한 겁니다. 하늘에서 보니까 1970년대 유행했던 혜은이라는 가수의 '옛 사랑의 돌담길'이란 노래에 "덕수궁에 돌담길 옛날에 돌담길" 이런 가사가 나오던데요. 성벽은 있지만 담장이 있을 리 없는 다른 나라의 궁궐이었다면 아예 나올 수조차 없는 가사입니다.

시리 정도전 선생님 때도 그랬습니다만, 임금님의 말씀을 들으면 들을수록 서울은 세계에서 찾아보기 힘든 독특함으로 가득 찬 도시였네요. 그리고 그 출발은 풍수의 원리로 산과 산줄기로 둘러싸인 도시가 만들어지면서 시작된 거고요.

태종 다시 한번 강조하면요. 단순히 풍수로 만들어진 도시라기보다는 하늘-산-궁궐의 3단계 풍경을 구현하는 것이 핵심인 도시였기 때문이라고 표현하는 것이 더 정확할 것 같습니다.

시리 무슨 말씀인지 알겠습니다. 이제 시간이 거의 다 끝나가는데요. 혹시 더 해 주실 이야기가 있다면 짧게 부탁합니다.

태종 없습니다. 다 했고요, 이제 하늘나라로 돌아갈 일만 남았네요. 안시리 아나운서, 궁금 씨 그리고 시청자 여러분 그동안 정말 감사했습니다. 하고 싶은 이야기 실컷하고 돌아가는 것 같아서 마음이 시원합니다. 나머지 며칠 동안 이승의 세계 충분히 더 구경하고 맘 편하게 하늘나라로 돌아가도록 하겠습니다.

시리 아쉽습니다. 정치개혁에 대해 더 많은 이야기를 듣고 싶지만 이번 프로그램에서는 창덕궁과 창경궁 그리고 서울 이야기로만 한정되어 있어서 태종 임금님과의

'역사 인물 환생 인터뷰'는 이것으로 마쳐야 할 것 같습니다. 그동안 열정적으로 이야기해 주신 태종 임금님께 진심으로 감사드리며, 남은 시간 이승에서 즐거운 시간 보내시고 하늘나라에 무사히 돌아가시기 바랍니다. 이틀 동안 자리를 잘 지켜 주신 궁금 씨와 열 분의 청중, 그리고 시청자 여러분께도 감사드리며 다음 주에는 광해군 임금님을 모시고 경희궁의 이야기를 듣는 자리로 만나 뵙도록 하겠습니다. 안녕히 계십시오.

경희궁의 미스터리, 왜 숭정전은 서북쪽 귀퉁이에 있을까

시리 시청자 여러분, 안녕하십니까. 역사 방송 아나운서 안
시리 인사드립니다. 지난 두 주에 걸쳐 태종 임금님을
모시고 창덕궁과 창경궁의 터잡기, 하늘-산-궁궐의 3
단계 풍경, 궁궐의 구조, 후원 등에서 나타난 독특함과
그런 독특함이 만들어진 이유를 살펴보았습니다. 경복
궁·창덕궁·창경궁은 구체적으로 보면 엄청 다르게 보
입니다만 '임금의 권위가 살아 있는 풍경의 연출'이란
관점에서 볼 때 하늘-산-궁궐의 3단계 풍경을 구현하
려 했다는 점에서는 같았습니다. 현존하는 조선시대
의 다섯 개 궁궐 중 앞의 세 궁궐 다음으로 만들어진 경
희궁 또한 하늘-산-궁궐의 3단계 풍경을 구현하려 했
을 것이라고 추정되는데요. 과연 그런지 알아보기 위해
이번 주에는 경희궁을 창건한 광해군 임금님을 모시고
들어 보는 시간을 마련했습니다. 광해군 임금님, 어서
오십시오. 청중 여러분, 큰 박수로 환영해 주십시오.

광해군 안녕하세요. 방금 소개받은 광해군 이혼(李琿, 1575~
1641년, 재위: 1608~1623년) 인사드립니다. 하늘나라에서
정도전 선생과 태종 임금님의 인터뷰를 생방으로 지켜
봤는데요. 두 분이 말씀하셨지만 저 역시 정치나 외교

가 아닌 도시와 궁궐이란 주제로 불러 주실 거라고는 전혀 상상하지 못했습니다. 덕분에 저도 생각지도 못했던 이승 구경까지 하게 되었네요. 자, 그럼 이제부터 경희궁 건설의 최종 승인자로서 여러분들이 모르는 경희궁의 비밀을 시원스럽게 풀어 드리도록 하겠습니다.

교하천도가 실패한 근본 이유

시리 정치·외교 분야에 대한 광해군 임금님의 공과功過에 대해 역사학계에서 다양한 논의가 이루어지고 있는 것으로 알고 있습니다만, 오늘은 정치·외교 분야의 공과는 잠시 접어 두고 경희궁 이야기에만 집중하도록 하겠습니다. 그동안 우리가 무심코 지나쳤던 경희궁의 모습 속에서 우리가 잘못 알았거나 미처 몰랐던 이야기를 흥미진진하게 꺼내 놓으실 것으로 기대합니다. 오늘도 첫 질문의 포문은 늘 그렇듯이 궁금 씨가 열어 주시겠습니다.

궁금 안녕하세요. 역사도우미 궁금 인사드립니다. 정도전 선생님과, 태종 임금님에 이어 광해군 임금님까지 만나 뵙게 되니 저로서는 어안이 벙벙합니다. 꿈인지 생시인지 솔직히 헷갈립니다. 대단히 영광스러운 자리에 있는 만큼 오늘도 역사도우미의 역할 잘할 수 있도록 노력하겠습니다. 그러면 첫 질문 드리겠습니다. 임금님, 경희궁 이야기로 들어가기 전에 태종 임금님이 실행한 개성에서 서울로의 재천도 이후 조선에서 처음이자 마지막으로 있었던 1612년의 교하천도交河遷都 논의에 대해 질문 드리고 싶습니다. 임금님, 진짜로 교하천도를 하려고 하셨나요?

광해군 하하하! 정도전 선생이나 태종 임금님이 궁금 씨의 질문에 가끔 당황하시던 모습이 떠오릅니다. 경희궁 이야기를 하는 자리에서 첫 질문이 교하천도라…… 그것도 제가 진짜로 교하천도를 하려고 했느냐며 단도직입적으로 물어 오니 저 또한 공격적으로 대답해야겠죠? 솔직하게 말해서 진짜로 교하천도를 하고 싶었습니다.

궁금 진짜요? 서울 도성 안에 궁궐을 새로 짓기 위해 던진 쨉 아니었나요?

광해군 태조 임금님이 서울로 천도하기 위해, 태종 임금님이 서울로 재천도하면서 창덕궁이란 이궁을 만들기 위해 던졌던 무악이라는 쩹 같은 거 말하나요?

궁금 예, 맞습니다.

광해군 전 쩹이 아니라 진짜였습니다. 임진왜란 때 급하게 세자의 자리에 올라 누구보다 최선을 다해 국가와 백성을 위해 노력했음에도 서자이자 둘째 아들이라는 이유로 수많은 우여곡절을 겪으며 갖게 된 트라우마를 어떻게든 탈피하고 싶었습니다. 그런데 제가 즉위한 지 4년째 되는 1612년 9월 14일에 통례원의 종6품 인의引儀이자 풍수술사인 이의신李懿信이 작성한 교하천도 제안서가 나에게 올라왔습니다. 제가 원래부터 천도를 생각했던 것은 아닌데요, 이의신의 교하천도 제안서를 다 읽고 나자 나에게는 말도 많고 탈도 많았던 이 서울을 떠나 교하로 천도한다면 나의 트라우마가 깨끗하게 사라질지도 모른다는 생각이 들더라고요. 그래서 그해 11월 15일 신하들에게 교하천도의 타당성에 대해 논의하도록 했고, 다음 해인 1613년 1월 3일에는 비변사에게 비밀로 하라며 직접 가서 조사하여 보고서를 올리도록 명했습니다.

시리 이의신이 올린 교하천도의 내용이 어떤 것이었기에 임금님의 마음을 사로잡았습니까?

광해군 어떤 것이었냐고요? 지금 들으면 웃길 수도 있는데요, 어쨌든 말씀드릴 테니 웃지는 마세요. 서울 도성에서 임진왜란이라는 큰 병란을 맞았고 반역 사건이 계속해서 일어났으며 사방의 산들이 모두 헐벗는 등 이상한 현상이 연속적으로 나타났어요. 그것은 서울 도성의 왕성한 기운(旺氣)이 이미 쇠한 증거라는 거예요. 그러면서 교하가 풍수적으로 길지吉地이니 새로운 도성을 교하에 세워서 순행巡幸에 대비해야 한다는 내용이었습니다. 그래서 제가 직접 이의신을 불러서 이렇게 은밀히 물어봤습니다. "창덕궁은 임금의 자리에서 강제로 폐해진 노산군(단종)과 연산군이 마지막으로 머물던 궁궐이기 때문에 내가 불안해서 살고 싶지가 않은데 어떻게 하면 좋겠느냐?" 그랬더니 이렇게 답하더라고요. "그것은 고금의 제왕 가문에서 피할 수 없었던 사건입니다. 궁궐의 길흉이 아니라 오로지 도성의 기운이 다했기 때문에 나타난 현상이지요. 빨리 도성을 옮기시는 것이 좋겠습니다."

시리 이의신이 풍수술사라고 말씀하셨는데, 임금님께서는

서울 도성의 기운이 다했다는 그의 말을 진짜 믿으셨 나요?

광해군 예. 여러분들의 귀에는 어떻게 들릴지 모르겠지만 저는 믿었습니다. 임금의 자리에 오르는 과정에서 갖게 된 트라우마를 떨쳐 버리기 위해서는 지푸라기라도 잡고 싶은 심정이었습니다. 그런 상황에서 이의신의 교하천 도 제안서를 보니까 마음이 확 쏠리더라고요.

궁금 임금님, 지금 와서 생각해 보시면 어떠세요?

광해군 당시 풍수는 우리나라에 문화유전자로 정착되어 있었 으니까 저만 믿고 있었다고 보시면 안 됩니다. 신하들 은 물론 백성들도 대부분 믿고 있었죠. 하지만 아무리 그렇다고 해도 저는 임금이었기 때문에 더욱 신중했어 야 했는데 그러질 못했습니다. 정도전 선생과 태종 임 금님의 서울편을 보면서 특히 반성했는데요. 그 중에서 천도가 본질이고 풍수는 수단이었다는 말이 가슴 절절 하게 다가왔습니다. 풍수는 '귀에 걸면 귀걸이 코에 걸 면 코걸이'라는 말도 인상적이었고요. 제가 천도를 통 해 당시 저의 어려운 상황을 타개하고자 하는 목표를 갖고 있었다면 풍수라는 수단을 잘 이용했어야 하는데

거꾸로였거든요. 풍수술사, 그것도 겨우 종6품의 인의라는 하급 관리였던 이의신의 제안서를 접한 후 천도를 추진했으니…….

시리 '겨우'라는 단어를 들으니 당시 천도나 풍수가 옳고 그르고를 떠나서 고위 관료들의 지지를 받기 어려웠다는 의미로 들리네요.

광해군 맞아요. 저와는 처지가 달랐던 고위 관료들이 겨우 종6품의 인의라는 하급 관리의 제안서를 받아들인다는 것은 그들에게 자존심이 엄청 상하는 일이었을 테니까요. 그들의 자존심을 세워 줘도 적극적인 호응을 이끌어 낼 수 있을지 없을지 모르는 일이었는데……. 태조 임금님이 개성에서 서울로 천도를 추진할 때, 태종 임금님이 개성에서 서울로 재천도를 추진할 때, 신하들의 반대 분위기를 찬성으로 바꾸기 위해 치밀한 계획을 세우고 충분한 절차를 밟아 나갔던 이야기를 들으면서 저는 너무나 창피했습니다. 임금이란 자리는 감정에 치우쳐 즉흥적으로 일을 추진해서는 절대로 안 되는데, 저는 트라우마에 사로잡혀서 그러질 못했습니다. 서자이자 둘째 아들로서 임금의 자리에 오르는 과정에서 겪어야만 했던 억울함 때문에 트라우마가 생겼다고 변명을 할 수 있고 동정도 얻을 수 있지만, 임금의 자리라는 것이 그렇게 유지될 수 있는 건 아니잖아요.

궁금 임금님, 그건 상식 아닌가요?

광해군 아휴~ 상식 맞아요.

궁금 그런데 그런 상식을 왜…….

광해군 왜 몰랐냐고요? 제가 입이 열 개라도 할 말이 없습니다만 몰랐던 것이 아니라 몸에 익지 않았던 겁니다. 저는 열여덟 살에 세자가 되고 서른네 살에 임금의 자리에 올랐는데요. 세자의 자리에 있던 17년 동안 임금이 갖추어야 할 지식과 태도에 대해 입에서 쉰내가 날 정도로 철저한 교육을 받았습니다. 그러니 지식으로서 그런 상식을 몰랐을 리는 없죠. 하지만 지식으로 아무리 알고 있다고 하더라도 그것이 몸에 배어 자연스러운 판단과 행동으로 나타나는 것은 다른 것이잖아요. 제 나름대로는 몸에 배도록 정말 노력했지만 세자 시절 겪어야만 했던 억울함과 불안감으로 인해 생긴 저의 트라우마가 그걸 다 막아 버렸습니다.

시리 지식으로 아는 것과, 자연스러운 판단과 행동으로 나타나도록 몸에 배게 하는 것은 분명히 다르다는 말씀이 가슴에 와닿습니다. 이보다 더 통렬한 반성의 말은 없는 것 같습니다. 어쨌든 교하천도를 치밀한 계획 아래 진행시키지 않았기 때문에 신하들의 반대에 부딪혀 결국 실행하지 못하신 거네요?

광해군 당시에는 나의 처지와 상황을 이해해 주지 않는 신하들에게 상당한 아쉬움과 함께 미움도 생기더라고요. 가끔 가서 잠시 머물 이궁과 유사시에 대비한 방어성곽 하나를 더 만드는 것뿐이라고 양보했음에도, 신하들이 들불처럼 일어나 교하천도를 반대했기 때문에 논의를 명한 지 겨우 몇 달 만에 완전히 철회할 수밖에 없었습니다. 그럼에도 불구하고 신하들은 아예 싹을 완전히 잘라 버리겠다는 심산으로 교하천도 제안서를 올린 이의신의 강력한 처벌을 정말 오랫동안 끈질기게 요청해 왔습니다. 저는 이의신을 잠시 파직하는 선에서 타협을 보고 끝내도록 하였습니다.

시리 그때 임금님은 상당히 외로우셨을 것 같습니다.

광해군 정말 외로웠죠. 많은 밤을 뜬눈으로 지새우기도 했습니다. 그때 좀 더 냉철하게 상황을 분석하면서 반성하고 그 다음을 준비했어야 하는데 그게 안 되었던 것이 더 아쉽습니다. 참 그때는 왜 그랬는지 모르겠습니다. 제대로 반성만 했으면 오늘 '역사 인물 환생 인터뷰'에도 광해군이 아니라 태종 임금님과 같은 더 멋진 이름으로 출연할 수도 있었을 텐데요.

궁금 임금님, 저도 많이 아쉽습니다. 우리나라의 역사가 바뀌었을지도 모르는 일이었는데…….

광해군 우리나라의 역사가 바뀌었을지도 모르는 일이었다고요? 하하하! 그렇다고 너무 나가지 않았으면 좋겠습니다. 역사에 가정은 없으니까요. 다만 21세기의 변혁기를 맞이한 여러분들은 현재와 미래를 위해서 저의 잘못을 한번 곱씹어 보시면 좋을 것 같습니다.

시리 역사는 과거의 현상 그 자체에 대한 평가도 중요하지만 현재와 미래를 되짚어 보는 거울이 되었으면 하는 바람이신 것 같습니다.

광해군 예, 이미 지나간 과거는 바꿀 수 없잖아요. 바꿀 수 없는 과거에 대해 '만약 이랬다면'과 같은 가정을 세우면서 논쟁을 해 봐야 아무짝에도 쓸모가 없습니다. 괜히 배타적이고 폭력적인 민족주의나 인종주의처럼 이상

한 이념이나 주의主義만 만들어 세상을 어지럽게 할 뿐입니다. 역사 연구는 첫째, 역사 현상 자체에 대한 인간의 호기심을 만족시키기 위해 둘째, 현재와 미래의 복잡하고 다양한 문제를 바라볼 때 역사 현상으로부터 교훈과 시사점을 얻기 위해 이루어지지 아니겠어요?

시리 임금님께서 역사 연구가 이루어지는 근본 이유에 대해 잘 말씀해 주신 것 같습니다. 감사합니다.

광해군 감사하긴요. 저의 반성일 뿐입니다. 제가 교하천도 제안서를 읽고 나서 첫 번째로 취했어야 할 조처는 다름 아니라 태조 임금님, 정도전 선생, 태종 임금님이 추진하여 성공시킨 천도 과정에 대해 철저하게 조사하여 보고서를 올리라는 명이어야 했습니다. 그리고는 나의 마음을 알아주는 측근 신하와 함께 충분한 시간을 갖고 그 보고서를 검토했어야 했습니다. 그런 뒤 교하천도를 성공시키기 위해서는 어떤 과정과 절차를 밟아야 하는지 살펴본 후 치밀한 계획을 세워 추진했어야 했죠. 아쉽게도 저는 트라우마에 사로잡혀 그런 생각을 전혀 하지 못했습니다. 제가 조금만 더 여유를 가질 수 있었더라면 좋았을 걸 하는 아쉬움이 있습니다만 이미

다 지나간 일입니다. 여러분들은 저의 실패 원인을 잘 파악하여 21세기 현재와 미래의 문제를 살펴보는 데 도움을 받았으면 좋겠습니다.

궁금 임금님, 혹시나 해서 여쭙니다. 그때는 임진왜란 7년 전쟁으로 백성의 삶이 극도로 피폐해지고 국가의 통치 체제가 완전히 무너졌으며 북쪽에서는 후금의 위협이 강해지고 있던 상황이었잖아요. 따라서 백성의 삶을 안정시키고 국가를 재건하며 국방력을 강화시키는 데 총력을 기울여도 모자랄 판에 엄청난 인력과 돈이 들어가는 천도를 시도한 것 자체가 임금님의 상황 판단이 잘못되었다는 평가가 지배적인 것 같은데요. 혹시 이런 평가에 대해서는 어떻게 생각하세요?

광해군 결국은 교하천도가 실패했으니까, 아니, 제대로 시도조차 못해 봤고 그 이후 세 궁궐의 무리한 건설이 이어졌으니까 그렇게 분석하고 있는 내용을 저도 본 적이 있습니다. 다 제 잘못이니까 충분히 이해가 됩니다. 하지만 천도 자체가 갖고 있는 사회·정치적 개혁의 의미에 대해서는 잘못 이해하고 있는 것이 아닌가 생각합니다. 정도전 선생이 말했던 것처럼 천도는 사회·정치적 개혁의 최고 상징이며, 엄청난 인력과 돈이 투여되기 때문에 실패하면 국가적 혼란으로 연결될 수 있는 어려운 것이지요. 하지만 성공만 하면 개혁의 완성을 향한 큰 동력을 얻거나 아니면 개혁의 완성을 통한 사회·정치적 안정을 도모할 수 있게 됩니다. 따라서 천도는 사회·정치적 안정기가 아니라 개혁이 필요한 혼란기에 시도되는 것입니다. 태조 임금님과 정도전 선생도 홍건적, 왜구 등의 오랜 침입과 정치 세력의 치열한 정쟁으로 국가와 백성이 피폐해진 상황에서 서울 천도를 성공시켜 우리 조선왕조 개국의 정당성을 확실하게 각인시키셨잖아요. 임진왜란 7년 전쟁 후의 조선도 큰 개혁이 필요했던 시기가 아니었나 생각합니다. 따라서 그런 개혁을 적극적으로 추진했던 세력이 있었다면 천도는 위험하지만 한번 시도해 볼 만한 가치를 갖고 있었다고 봅니다. 연구자나 영화감독 중에서 저 광해군을 개혁을 꿈꾸었지만 결국엔 실패한 개혁군주로 보려는 분이 있는 것도 그 때문이라고 생각합니다. 스스로를 평가해 보면, 저는 국가 개혁보다는 개인적인 트라우마 극복의 일환으로 교하천도를 시도했기 때문에 설사 성공했더라도 사회·정치적 안정으로 이어지기가 쉽지는 않았을 겁니다. 저의 교하천도 실패로 인해 역사 속에서 천도 자체가 갖고 있는 사회·정치적 의미가 잘못 이해되고 있는 것은 아닌가 우려되어 말씀드려 봅니다.

장풍국과 득수국 지형의
방어력에 대한 오해

시리 무슨 말씀인지 알겠습니다. 그런데 임금님, 신하들이 교하천도에 반대한 논리가 무엇이었는지 궁금한데요?

광해군 반대한 논리요? 여러 개가 있었죠. 지금 생각해 보면 그 반대 논리 하나하나가 옳으냐 그르냐를 따지는 건 별로 의미가 없다고 봅니다. 얼마나 개혁적인 비전을 갖고 얼마나 치밀하게 계획하여 얼마나 큰 호응을 이끌어 내며 실행해 나갔느냐가 중요합니다. 몇 번 말했지만 저는 개혁적인 비전도, 치밀한 계획도, 광범위한 호응도 이끌어 내지 않은 채 교하천도를 시도하려 했기 때문에 실패한 겁니다.

시리 그래도 혹시 교하천도 반대 논리에서 우리가 교훈을 얻을 수 있는 것이 있지 않을까 하는데요.

광해군 교훈요? 음…… 교훈이라기보다는 반대 논리에서 언급된 내용의 일부가 우리나라 역사에서 반복적으로 나오면서 절대적으로 옳은 것처럼 잘못 이해되는 것이 있어 그걸 말해 보면 어떨까 합니다.

시리 예, 좋습니다.

광해군 그러면 1612년 11월 15일 예조 판서 이정귀(李廷龜, 1564~1635년)가 올린 글, 1613년 1월 6일 사헌부와 사간원이 함께 올린 글의 일부를 가져왔는데요, 들어 보시죠.

한양의 도읍은 화악(華岳, 북한산)을 등지고 한강에 임하였으며, 지세는 평탄하고 사방으로부터의 거리가 균일하고, 배와 수레가 모두 모이고, 천혜의 기름진 토양이자 요새이니 형세의 뛰어남이 우리나라에서 제일입니다. 이것은 전후의 중국 사신들도 모두 칭찬한 바였습니다.

옛날부터 제왕이 요새를 세워 나라를 수호할 때는 반드시 형세의 편리함을 먼저 택하여 방어할 곳으로 삼은 후에야, 급한 일이 있을 때 힘을 얻을 수 있는 것입니다. 교하라는 고을은 항구 입구에 끼어 있되 뒤로는 둘러싸 보호하는 고산준령高山峻嶺이 없고 곁에는 큰 강이 두르지 않으니, 다만 하류의 일개 습지일 뿐입니다. 더구나 단지 한두 개의 우물과 샘이 있을 뿐이어서 읍내의 백성들이 항상 물이 부족해 걱정이고, 돌한 개 나무 한 조각도 모두 수십 리 밖에서 갖다 씁니다. 그러니 요새의 지역이 될 수 없음이 명백합니다.

여기서 교하라는 고을은 지금 한강과 임진강의 합류 지점에 있는 파주시의 시내와 탄현면 지역을 말합니다. 궁금 씨 들어 보니 어떤가요?

궁금 음…… 제가 듣기에 이상하게 느껴지는 부분이 없습니다. 서울의 경우 그동안 일반적으로 들어오던 내용이고, 교하 지역은 바닷물의 영향을 받는 한강과 임진강의 합류 지역이라 산지가 있기는 하지만 상대적으로 평지가 많아 앞의 내용에 대체적으로 고개가 끄덕여집니다.

광해군 하하하! 맞아요. 보통은 궁금 씨처럼 말하죠. 그러면 먼저 천혜의 요새라고 묘사된 서울의 도성부터 살펴볼까요? 안시리 아나운서, 혹시 서울의 도성이 천혜의 요새라고 생각하나요?

시리 예? 서울의 도성은 험준한 산과 산줄기로 둘러싸여 있으니 천혜의 요새라고 생각합니다만…… 그런데 정도전 선생님께서 동쪽의 흥인지문과 남쪽의 숭례문 지역의 성곽이 너무 낮고 해자가 없어서 대규모의 강한 외적의 공격에는 방어력이 없다고 말씀하셨습니다. 모순되는 두 가지 사실이 있어서 똑 부러지게 대답하기가 좀…….

광해군 풍수의 관점에서 서울의 도성처럼 산과 산줄기로 둘러싸인 분지형 지형을 장풍국藏風局이라고 하는데, 안시리 아나운서가 말한 것처럼 장풍국의 땅은 방어에 유리하다고 들어 왔을 겁니다. 하지만 대표적인 장풍국의 땅인 서울의 도성은 제가 겪었던 임진왜란 때도, 저 다음에 겪었던 병자호란 때도 방어한 적이 없습니다. 그 이유는 정도전 선생이 말한 그대로입니다. 우리 조선에서는 임진왜란과 병자호란을 겪고 나서도 장풍국의 땅이 방어에 유리하다는 인식을 바꾸지 않았죠. 저로서는 이해할 수가 없습니다.

시리 산과 산줄기 부분은 지형상 당연히 방어에 유리한 것일 테니 동쪽의 흥인지문과 남쪽의 숭례문 방향에 10미터 이상의 높은 성곽을 쌓고 넓은 해자까지 만들었다면 진짜 천혜의 요새가 될 수 있었던 것 아닌가요?

광해군 음…… 그렇게만 된다면 분명히 천혜의 요새라 할 수 있을 겁니다. 하지만 그게 쉽지가 않을 걸요?

궁금 성벽을 높게 쌓고 해자를 넓게 파는 것, 그게 어려울 수도 있다는 말씀인가요?

광해군 성벽은 아니고 해자 때문이에요.

궁금 해자요? 왜 그런 건가요?

광해군 저도 다른 나라의 사례가 없어서 설명하기가 쉽진 않아요. 그래서 먼저 우회적으로 살펴보려 하는데요. 궁금 씨와 안시리 아나운서 두 분 다 해외여행을 꽤 다니고 여행·역사·문화·유적 등등의 다큐멘터리도 많이 봤잖아요. 그때 서울의 도성처럼 산과 산줄기로 둘러싸인 분지를 선택한 후 그 산과 산줄기를 따라서 성벽을 쌓고 해자를 만든 전통시대의 도시를 본 적이 있나요? 당연히 우리나라를 제외한 다른 나라에서요. 먼저 궁금 씨부터 대답해 주실래요?

궁금 갑자기 물어보시니까, 음…… 생각이 잘 안 나는데요?
정도전 선생님도 비슷한 질문을 하신 적이 있는데요.
못 본 것 같습니다.

광해군 안시리 아나운서는요?

시리 저도 똑같은 대답을 드려야만 할 것 같습니다.

광해군 저도 하늘나라에서 혹시나 해서 열심히 찾아봤는데,
찾지 못했습니다. 도시의 핵심인 궁궐의 성곽이든 도
시 전체를 둘러싼 나성羅城이든 산이 저 멀리 떨어진 평
지에 있는 것, 언덕이나 낮은 산 위에 있는 것 둘 중 하
나였습니다. 그렇다면 서울의 도성처럼 산과 산줄기로
둘러싸인 분지 지형이 방어시설을 설치하는 데 불리한
점이 있었기 때문에 채택되지 않았다고 봐야 하지 않
을까요? 그 불리한 점이 뭘까요? 다른 나라의 사례를
찾을 수 없기 때문에 우리가 그걸 찾아내야 합니다.

시리 임금님, 저도 무척이나 궁금한데요. 그게 뭘까요? 잘
생각나지가 않습니다.

광해군 음…… 분지 지형에서는 해자를 만들기가 어려운 것
아닐까 합니다. 성곽이 언덕이나 낮은 산 위에 축조된
경우 성곽 밖으로 경사진 지형이 연속되기 때문에 굳

이 해자를 만들지 않아도 방어력이 아주 높습니다. 반면에 평지 지형에 축조된 성곽의 경우 높게 쌓아도 밖에서 그보다 높은 것을 만들어 공격할 수 있기 때문에 성벽 가까이 접근하지 못하게 만드는 넓은 해자를 거의 모두 갖추고 있습니다. 이런 해자의 경우 늘 깊은 물이 고여 있어야 그 역할을 충분히 할 수 있는데요. 그러려면 해자 주위가 거의 완전 평지에 가까워야 물이 빠져나가지 않고 고여 있을 수 있게 됩니다. 반대로 경사가 있는 지형에는 해자를 만들기가 정말 힘들다는 의미입니다. 어떻게 해서든 해자를 만들었다고 하더라도 밖의 공격자가 해자의 일부를 터놓아 물을 빼내서 기능을 멈추게 하거나 약화시키기 쉽죠. 이 때문에 우리나라를 제외한 다른 문명권이나 나라에서는 전통도시의 입지로 산과 산줄기로 둘러싸인 분지 지형을 선택하지 않은 것이라고 봅니다.

궁금 임금님의 설명을 들으니 이해가 갑니다. 그런데 흥인지문인 동대문 지역에 가 보면 거의 경사가 없는 평지처럼 보이던데요.

광해군 그렇게 보일 겁니다. 제 눈에도 그러니까요. 다만 한 가지 생각해 보세요. 흥인지문 바로 남쪽에 경사가 있는 평지라는 걸 확인할 수 있는 뭔가가 있는데요. 혹시 무엇인지 아시나요?

궁금 음…… 혹시 청계천 말씀하시는 건가요?

광해군 청계천 맞아요. 분지 지형의 경우 사방의 산과 산줄기에서 내려온 물이 한 곳으로 모여서 빠져나가야 하는데요. 서울의 도성에서는 그게 청계천입니다. 평상시의 청계천 물은 적을지 모르지만 큰 비가 내리면 엄청나게 많은 물이 빠져나가야 하잖아요. 그래서 이곳에 성벽을 쌓더라도 많은 물이 빠져나갈 수 있게 수구水口를 크게 만들어야 하지요. 이것은 성벽 방어에서 큰 약점입니다. 또한 물이 잘 빠져나가야 분지 지역에 홍수 피해가 없기 때문에 우리 눈에는 경사가 약하게 보이더라도 분명히 경사가 있을 수밖에 없지요. 이것은 해자를 만들었을 때 성벽 밖의 공격자가 해자의 일부를 터놓아 물을 빼내서 기능을 멈추게 하거나 약화시키기 쉽다는 의미입니다. 그래서 성벽을 두른 옛날의 궁궐이나 도시가 분지 지형을 선호하지 않은 것이죠. 그런데 우리 조선에서는 풍수가 문화유전자가 되어 있었으니까 이런 약점에도 불구하고 분지 지형을 선택한 겁니다. 분지 지형에서 산과 산줄기 부분은 지형상 방어에 유리한 것은 맞지만, 청계천처럼 물이 빠져나가는 부분에는 해자를 만들어 유지하기가 어렵기 때문에 방어에 정말 불리합니다. 정도전 선생이 이미 말한 것이지만 성곽에서 한 곳만 방어에 취약해도 그 성곽의 전체적인 방어력은 확 떨어질 수밖에 없습니다. 따라서 풍수의 장풍국 형국은 방어에 유리하지 않고 오히려 불리한데, 우리 조선에서는 자꾸 유리하다고 생각하여 천혜의 요새라는 잘못된 인식이 일반화되었습니다.

시리 저는 미처 거기까지 생각이 미치지 못했는데, 역시 임금님은 대단하십니다. 그렇다면 사헌부와 사간원이 교하 지역의 방어력이 없을 것처럼 언급한 부분도 잘못된 것일 수 있네요?

광해군 그렇죠. 잘못된 인식을 전제로 말한 것이니까요. 이왕이렇게 된 것, 풍수에서 장풍국에 대비되어 방어력이 떨어진다고 말하는 득수국得水局 문제도 짚고 넘어가겠습니다. 장풍국이 산과 산줄기로 둘러싸인 분지 지형을 말하는 것과 반대로 득수국은 산과 산줄기로 둘러싸이지 않은 지형을 가리킵니다. 산이 저 멀리 달아난 평지나 언덕, 낮은 산 위를 가리킨다고 보면 되는데요. 이런 곳에는 큰 강이 바로 옆에 있는 경우가 많습니다. 득수국으로 언급되는 대표적인 곳이 평양인데, 평양성과 서울 도성의 방어력 중 어디가 더 높을까요? 안시리 아나운서가 한번 말씀해 보실래요?

시리 역사적 경험으로 말해 보는 게 좋을 것 같습니다. 평양성은 668년 9월 나당연합군의 포위 공격에 한 달 이상 버티다가 성 내부의 분열로 성문이 열리면서 함락당했습니다. 1135년 묘청의 난 때는 조광이 이끄는 반란군이 평양성에서 고려 정부군의 포위 공격을 1년 넘게 막아 내다가 함락당했습니다. 서울의 도성에서는 임진왜란과 병자호란 때 제대로 된 방어전을 치룬 적이 없다는 사실과 비교하면 평양성의 방어력이 서울 도성의 방어력보다는 훨씬 높다고 생각합니다.

광해군 안시리 아나운서가 정말 좋은 역사적 선례를 통해 비교해 주셨네요. 고구려 때 평양성은 완전 평지의 외성, 언덕 위의 중성, 높은 언덕 또는 낮은 산 위의 내성으로 구성되어 있었습니다. 그리고 남쪽에는 대동강, 북쪽에는 보통강이 바로 접해 있어서 큰 해자의 역할을 했죠. 그렇기 때문에 외성이 함락당하더라도 중성에서 더 방어할 수 있고, 중성이 함락당하더라도 높은 언덕 또는 낮은 산 위의 내성에서 최후의 방어를 할 수 있었습니다. 특히 궁궐이 있었던 내성의 경우 지형을 잘 이용하여 높은 언덕 또는 낮은 산 위에 성곽을 축조했기 때문에 방어력이 매우 뛰어났죠. 아마 고구려군이 끝까지 저항을 택했다면 나당연합군이 큰 피해를 입고 나서야 함락했을 겁니다. 나당연합군이 고구려 국토의 주요 지역을 점령하여 평양성을 고립시켰기 때문에 장기전의 승산이 없다는 판단 아래 내분이 일어나 스스로 성문을 열어서 쉽게 함락된 겁니다. 고려 때 평양성은 중성과 내성으로만 이루어져 있었는데, 김부식이 이끄는 대규모 고려 정부군이 포위 공격했음에도 고립된 반란군이 1년 이상 버틴 것을 보면 정말 방어력이 높다고 할 수밖에 없습니다. 대표적인 득수국 형국인 평양성의 이런 역사적 선례가 있었음에도 득수국의 지형이 방어에 불리하다는 인식이 생긴 것은 정말 희한한 일입니다. 득수국의 지형에서 성곽은 완전 평지 또는 언덕이나 낮은 산 위에 축조되는데요. 이는 다른 문명권이나 국가에서 아주 흔한 겁니다. 장풍국의 지형에 도시를 만들고 성곽을 축조한 사례가 없다는 것과 비교해 보면 득수국의 지형은 높은 방어력의 성곽을 만드는 데 장풍국의 지형보다 확실히 유리했다고 말씀드릴 수 있습니다.

궁금 임금님, 그렇다면 서울의 도성에 비해 평지가 많았던 교하 지역에 수도를 만들고 성곽을 축조하는 것이 방어에 불리하다는 논리는 잘못된 거네요?

광해군 그렇죠. 잘못된 거죠. 평지나 낮은 야산에 성곽을 축조하는 것이 무조건 방어력을 높이는 것이라고 말할 수는 없지만 그렇다고 무조건 방어력이 낮을 것이라고 단정 짓는 것도 잘못된 것이죠. 조선처럼 평지에 낮은 성벽을 축조하고 해자도 만들지 않으면 방어력은 당연히 아주 낮지만, 다른 나라나 문명권처럼 높은 성벽을 축조하고 넓은 해자를 만들면 방어력은 상당히 높아지죠. 결국 우리 조선에서처럼 득수국의 지형이 장풍국의 지형보다 방어력이 무조건 낮을 것이라고 인식하는 것은 잘못된 겁니다.

시리 무슨 말씀인지 알겠습니다. 혹시 하류의 일개 습지이고 우물과 샘이 적으며 나무가 없다는 논리에 대해서도 반박해 주실 수 있나요?

광해군 당연히 반박할 수 있습니다. 다른 나라 문명권에는 습지를 개척해 도시를 만들고 성곽을 쌓은 사례, 우물과 샘이 부족하여 외부에서 대규모의 상수도 시설을 만든 사례가 꽤 있습니다. 그리고 수도에서 필요로 하는 돌이나 나무는 일반적으로 외부에서 대규모로 조달하는데, 교하의 경우 한강과 임진강의 수운이 좋기 때문에 외부에서 돌과 나무를 조달하는 데는 최적의 장소가 될 수 있습니다. 제가 하는 반박은 교하가 수도의 입지 지역으로서 아주 좋다는 의미는 아니고요, 수도가 들어설 수 없는 근거로는 되지 못한다는 것을 말씀드리려고 하는 것입니다. 하나 재미있는 현상을 알려 드리면요. 나를 쫓아내고 임금의 자리에 오른 인조(1595~1649년)와 부인 인열왕후(1594~1635년)의 무덤인 장릉이 당시 교하 고을의 중심지가 있던 곳에 들어섰습니다. 그곳이 풍수의 관점에서 볼 때 명당이 아니었다면 장릉이 들어설 수 없었겠죠? 풍수술사 이의신이

교하천도를 아무런 근거도 없이 주장했던 것은 아니라
는 반증이 아닐까 합니다.

왕의 기운이 서렸다는 소문과 경희궁의 건설

시리 장릉 이야기를 들으니까 정신이 확 깨는 것 같습니다.
저도 풍수를 믿지 않지만 풍수가 문화유전자로 정착한
당시의 관점에서 볼 때 교하 고을의 중심지는 수도 입
지의 조건을 갖추고 있었던 거네요. 따라서 교하천도의
문제는 풍수적으로 명당이냐 아니냐가 아니라 얼마나
큰 개혁의 비전을 가지고 얼마나 치밀하게 계획하여
얼마나 많은 호응을 이끌어 내며 진행시킬 수 있었느
냐에 달려 있었다는 것이 분명해지는 것 같습니다. 이
제 경희궁 이야기로 들어가야 할 때가 된 것 같은데요.
임금님, 경희궁은 어떻게 만들게 된 건가요?

광해군 경희궁이요? 그걸 말하기 전에 여기서도 먼저 반성부
터 하고 가겠습니다. 교하천도가 좌절된 이후에도 저는
임금의 자리에서 강제로 쫓겨난 노산군(단종)과 연산군
이 마지막으로 살았던 창덕궁에는 정말 들어가서 살기

가 싫어서 창경궁을 보수하였습니다. 창경궁 또한 창덕 궁과 연결되는 궁궐이라서 장기적으로 머물고 싶지 않 더라고요. 그렇다고 당시에 임시로 머물고 있던 경운궁 에 계속 있을 상황도 아니었습니다.

궁금 경운궁이라면 지금의 덕수궁 아닌가요? 그 정도의 궁 궐이라면 계속 머무르셔도 별 문제가 없었을 것 같은 데요?

광해군 지금 남아 있는 덕수궁은 대한제국 때 경운궁을 대대 적으로 수리하여 다시 만든 궁궐입니다. 임진왜란 때 경복궁, 창덕궁, 창경궁이 모두 불타서 성종의 형 월산 대군(1454~1488년)의 저택을 임시 궁궐로 사용했는데 요. 일부 확장을 하기는 했지만 그 규모는 다른 궁궐에 비해 초라해서 계속 정궁으로 사용할 수는 없었습니 다. 그런데 저는 이미 복구한 창덕궁과 창경궁에도 가 서 살기가 싫었고, 그렇다면 제가 어떻게 해야 했겠습 니까? 안시리 아나운서, 한번 생각해 보실래요?

시리 음…… 그렇다면 새로운 궁궐을 짓는 방법밖에 없을 것 같습니다.

광해군 맞아요. 그 방법밖에 없었어요. 그때 나의 상황을 알고 있던 풍수지리 전문가 성지(性智)와 시문용(施文用) 등이 풍수적 관점에서 인왕산 아래에다 궁궐을 지으면 좋겠다는 보고가 올라와서 1616년 3월 24일에 새 궁궐터를 잡아 보게 하였습니다.

궁금 임금님, 왜 하필 인왕산 아래인가요?

광해군 서울에서 풍수의 주산으로 삼을 수 있는 산이 북쪽에는 북악산과 매봉(鷹峯) 두 개밖에 없잖아요. 그런데 두 산을 주산으로 삼아서 경복궁과 종묘, 창덕궁과 창경궁을 이미 만들었기 때문에 새로운 궁궐터를 구하기가 어려웠습니다. 그래서 자연스럽게 새로운 궁궐의 주산으로 북쪽의 산을 포기하고 서쪽에 있는 인왕산을 선택할 수밖에 없었습니다.

시리 아, 별로 어렵지 않은 문제였네요. 그러면 인왕산 아래의 궁궐 신축 공사는 순조롭게 진행되었나요?

광해군 신하들 대부분이 교하천도를 엄청나게 반대한 뒤라서 인왕산 아래에 궁궐을 새로 짓겠다는 것이 일종의 큰 양보로 이해되어 신하들이 대놓고 반대는 하지 못하더라고요. 하지만 그렇다고 적극적인 호응도 아니었습니다. 창덕궁과 창경궁이 이미 수리가 다 끝났는데 무리

수를 두면서까지 새로운 궁궐을 짓는 것에 영 못마땅 해했지요. 게다가 새로운 궁궐도 하나가 아니라 인경궁과 자수궁 두 개였고, 인경궁의 경우 경복궁보다도 규모가 커서 더욱 그랬던 것 같습니다. 지금 와서 생각해 보면 나의 트라우마로 신하들의 광범위한 동의를 받지 못한 상태에서 진행했기 때문에 다 무리한 건설 공사였던 것 같습니다. 후회해 봤자 다 부질없는 짓이지만 그때 신하들의 말을 들었다면 하는 아쉬움이 큽니다.

시리 인경궁과 자수궁의 위치와 구조는 어땠는지 설명해 주실 수 있나요?

광해군 인경궁은 사직단과 담을 사이에 두고 그 동북쪽에 있었습니다. 원래 성지性智는 사직단을 옮기고 그 자리에 인경궁터를 만들자고까지 했는데, 신하들의 격렬한 반대에 부딪혀 그 동북쪽에 만들게 된 겁니다. 인왕산 정상을 중심으로 하면 동남쪽에 위치해 있었죠. 자수궁은 옥인파출소를 중심으로 한 지역에 있었는데, 역시 인왕산 정상을 중심으로 하면 동쪽에 위치해 있었습니다. 두 궁궐 모두 시작은 되었지만 완성되지 못했고요, 이미 만들어진 건물들도 이후 모두 사라져 버렸습니다. 저는 두 궁궐의 모습을 생생하게 본 사람이지만 이미 모두 사라져 버렸고 그림으로도 전해지지 않고 있으니 제가 설명해 봐야 여러분들이 이해하기가 쉽지 않을 겁니다. 그러니 인경궁과 자수궁의 구조 이야기는 하지 않겠지만, 경희궁 이야기를 들으면 두 궁궐의 구조에 대해서도 대충 그림이 그려질 겁니다. 경희궁은 현재 기본 뼈대가 복원되어 있고「서궐도안西闕圖案」이란 그림으로도 전해지고 있어서, 사진과 그림을 함께 보면서 설명을 들으면 누구나 쉽게 이해할 겁니다.

시리 예, 무슨 말씀인지 알겠습니다. 그런데 임금님, 정말 너무 궁금한 것이 있습니다. 이미 인경궁과 자수궁을 건설하기 시작했는데, 왜 또 경희궁을 지으신 건가요?

광해군 그게 참…… 이미 앞에서도 여러 번 후회하는 말을 했는데요. 경희궁 역시 지금 와서 생각해 보면 후회막급입니다. 누군가가 내 이복동생인 정원군定遠君 이부(李琈, 1580~1619년)의 아들 능창군綾昌君 이전(李佺, 1599~1615년)의 기상이 비범하다고 말해서 그를 역모죄로 잡아들여 죽이게 되었습니다. 정원군과 능창군이 살던 새문안의 집에 왕성한 기운이 있다는 소문까지 돌더라고요.

하지만 그때는 그러려니 하고 흘려들었는데, 1617년 6월에 풍수술사 김일룡金馹龍이 정식으로 왕의 기운(王氣)이 서려 있는 정원군의 집에 이궁을 지어야 한다는 상소를 올리더라고요. 노산군(단종)과 연산군의 비참한 최후가 자꾸 떠오르는 트라우마에 시달리고 있던 저였기에 왕의 기운(王氣)이 서려 있다는 말을 듣자마자 뭔가에 홀린 사람처럼 신하들을 설득할 별 계획도 별 작전도 없이 새문안의 정원군 집터를 빼앗아 이궁 건설을 하도록 명했습니다. 그렇잖아도 인경궁과 자수궁 두 궁궐을 짓느라 나라의 곳간이 비고 백성의 등골이 휘고 있었는데, 경희궁까지 또 지으라고 하니까 난리가 났었죠. 하지만 제 명령이 하도 강해서 그토록 강렬하게 교하천도를 반대했던 신하들조차 막지를 못했습니다. 하지만 아무리 제 명령이라고 해도 이궁을 세 개나 동시에 짓는 것은 당연히 엄청난 무리였습니다.

궁금 임금님, 그래서 어떻게 하셨어요?

광해군 저도 그것을 잘 알고 있었기 때문에 왕의 기운(王氣)이 서려 있다는 경희궁의 건설을 최우선 순위로 하라고 명했습니다. 제 동생의 집에 왕의 기운이 서려 있다는 소문이 돈다는 건 언제라도 역모가 발생할 수 있다는 의미였으니까 그 싹을 먼저 완전히 잘라 버려야 했습니다. 게다가 인경궁과 자수궁 중에서 제가 가서 머물고 싶었던 궁은 인경궁이었는데요. 하지만 인경궁은 경복궁보다도 규모가 크고 당시 신하와 백성들의 적극적인 지지를 끌어내지 못한 상태라 건설 공사의 진척 속도가 너무 느렸습니다. 그래서 인경궁보다 규모가 작은 경희궁부터 먼저 완성하여 경운궁에서 빨리 옮겨 가 마음 편하게 머물며 나라를 다스리고 싶었습니다. 그래서 궁궐의 이름부터 정하라고 했는데요. 6월 12일에 경녕궁慶寧宮으로, 그리고 별칭으로는 서별궁西別宮으로 정했습니다. 그러다가 한 달 반 조금 더 지난 7월 29일에 경덕궁慶德宮으로 바꾸었죠. 그 후 3년이 더 지난 1620년 12월경에 궁궐의 대부분이 완성되었습니다. 인조반정이란 쿠데타로 제가 쫓겨난 다음에도 경덕궁은 계속 중요한 궁궐로 사용되었고, 영조 임금 때 제 동생 정원군이 아들 인조에게서 받은 묘호인 원종경덕인헌정목장효대왕元宗敬德仁憲靖穆章孝大王에 경덕慶德이란 이름이 있다고 하여 경덕궁을 경희궁慶熙宮으로 바꾸었습니다.

시리 인경궁과 자수궁이 사라진 반면에 경희궁이 계속 궁궐로 사용된 것은 원래 집터의 주인이었던 정원군의 맏아들인 능양군 이종(李倧, 1595~1649년)이 인조반정이란 쿠데타로 임금님이 되셨기 때문이죠?

광해군 예, 맞아요. 지금은 저도 풍수지리를 믿지 않지만, 정원군의 집터에 왕의 기운이 서려 있다는 그 당시의 소문이 신기하게 맞아떨어진 사례죠. 그렇다고 집터의 기운 때문에 그렇게 된 것이라고 보면 안 돼요. 나의 아버지 선조 임금님의 아들 열넷 중에 위태위태한 상황을 만들고 있는 저를 밀어내고 임금을 배출할 가능성이 가장 높은 집안이었기 때문에 집터에 왕의 기운이 서려 있다는 소문이 만들어진 것입니다. 만약 그런 가능성이 보이지 않았다면 풍수적으로 집터가 아무리 좋아 보여도 그런 소문은 만들어지지 않았을 거예요. 실제로 쿠데타가 성공하면서 그 소문이 실현된 것이라고 보면 돼요.

시리 임금님, 무슨 말씀인지 알겠습니다. 이제부터는 경희궁의 구조에 대해 본격적으로 이야기해 주시는 거네요?

왜 정전이 궁궐의 귀퉁이에 있을까

광해군 그럼 이제부터 본격적으로 경희궁 이야기를 해 볼까요? 궁금 씨, 혹시 경희궁에 가 본 적 있나요?

궁금 예, 가 봤습니다.

광해군 느낌이 어떻던가요?

궁금 음…… 느낌을 말씀드리기 전에 먼저 제가 조사해 온 궁궐의 역사부터 간단히 말씀드리는 게 좋겠습니다. 원래의 경희궁은 훨씬 더 컸는데요. 1907년에 일본 통감부중학교가, 1915년에 경성중학교가 들어서면서 대부분 파괴되었다고 합니다. 해방 이후 경성중학교는 서울중고등학교로 이어졌는데, 1980년에 서울고등학교를 강남으로 이전한 후 1984년부터 궁터의 일부를 발굴하고 1986년부터 시민을 위한 공원으로 개방하고 있다고 합니다. 이후 복원 공사가 이루어졌는데요. 아쉽게도 궁궐의 정문인 흥화문興化門, 숭정문崇政門, 정전인 숭정전崇政殿 그리고 그 뒤쪽에 자정전資政殿과 태령전泰寧殿만 복원되었습니다. 이 중 흥화문만이 이리저리 팔려 다니다 돌아온 옛 건물인데, 그 위치도 원래는 궁궐 동남쪽,

즉 지금의 서울역사박물관 바로 동쪽인 구세군회관 자리였습니다. 이곳은 이미 민간이 사용하고 있어서 어쩔 수 없이 지금의 위치에 세웠다고 합니다. 비록 정전 구역만 복원되었지만 직접 가서 본 느낌은 경복궁이나 창덕궁, 창경궁과는 확실히 달랐습니다. 홍화문에서 들어가면 오르막길 경사가 있는 언덕이고, 그 언덕을 지나면 내리막길을 따라 내려간 곳에 숭정문이 있더라고요. 그리고 숭정문을 지나면 오르막길 경사가 시작되면서 숭정전이 있고요, 숭정전 뒤쪽 더 높은 곳에 자정문-자정전이 이어졌습니다. 오르막길 경사가 있는 언덕의 흐름에 맞추어 만들어진 담장의 모습이 특히 눈에 띄었는데, 정말 아름답더라고요. 전체적으로 숭정전-숭정문-홍화문의 방향은 서북-동남을 향해 있었습니다.

광해군 와~ 궁금 씨가 조사를 상당히 많이 해 와서 경희궁의 해체와 복원 과정에 대해서는 제가 덧붙일 내용이 없겠네요. 역시 역사도우미답습니다. 그러면 궁금 씨가 원래는 굉장히 컸다고 말한 경희궁의 모습 전체를 담아서 그린 「서궐도」을 한번 볼까요?

송정전

송정문

「서궐도」의 경희궁지 (위)

1890년대에 촬영한
경희궁 전경 (아래)

「서궐도」는 원래 흑백으로만 그려져 있던 「서궐도안」을 송규태 작가가 「동궐도」의 채색 특징을 참고하여 그렸습니다. 안시리 아나운서, 「서궐도」의 경희궁을 봤을 때 가장 인상적인 부분은 어디인가요?

시리 누가 봐도 똑같은 말을 할 것 같은데요. 정전인 숭정전이 궁궐 서북쪽의 귀퉁이에 있는 것이 정말 특이합니다. 경복궁에서의 근정전과 창경궁에서의 명정전이 궁궐 가운데의 중심축 역할을 했고, 창덕궁에서는 인정전이 궁궐 가운데인 것 같으면서도 서쪽으로 치우친 모습이었습니다. 그런데 경희궁에서의 숭정전은 치우친 정도가 아니라 완전히 서북쪽 귀퉁이에 있으니…….

광해군 그렇죠? 정말 특이하죠? 궁금 씨가 예습을 많이 해 왔네요. 그렇다면 숭정전이 궁궐 서북쪽의 모퉁이에 있는 이 현상의 원인을 일반적으로 어떻게 보고 있나요?

궁금 특이한 구조라는 현상은 다 알고 있는데 그 원인을 딱부러지게 언급한 경우가 없더라고요. 좀 길긴 하지만 인터넷 포털사이트의 지식백과에서 검색할 수 있는 대표적인 세 개를 소개하면 이렇습니다. 한국민족문화대백과사전의 경희궁 설명에서는 '의도적으로 경복궁보

다는 격식을 덜 차린 결과'나 '특수한 배치' 등으로만
나옵니다. 한국문화유산답사회가 편찬한『서울 답사여
행의 길잡이 15』(돌베개, 2004)에서는 "「서궐도안」에서
눈에 띄는 것은 건물의 배치가 경복궁이나 창덕궁과는
아주 다르다는 점이다. 경복궁이 남북 일직선상의 축에
출입문과 정전, 내전이 차례로 배열돼 있고, 창덕궁은
정문에서 진입하여 오른쪽으로 나아가 외전에 이른 다
음 외전의 오른쪽 뒤편에 내전이 위치하는 반면, 경희
궁은 외전과 내전이 좌우로 나란히 놓이고 정문은 오
른쪽 모서리에 자리 잡고 있다. 따라서 정문에서 들어
갈 때 내전의 앞을 먼저 지난 뒤 오른쪽으로 꺾어 나아
가야 외전에 이르도록 되어 있다. 아마도 격식을 벗어
난 경희궁의 이런 전각 배치는 법궁보다는 형식의 얽
매임이 덜한 이궁이기에 가능했고, 또 처음부터 궁궐터
로서는 비좁은 공간을 실용에 맞게끔 자유롭게 활용한
지혜의 소산일 것이다."라고 나와 한국민족문화대백과
사전과 같은 내용을 길게 서술한 차이가 있을 뿐입니
다. 대표적인 건축학 연구자인 이상해 교수의『한국 미
의 재발견 12—궁궐·유교건축』(솔출판사, 2004)에서는

"경희궁의 배치 형태와 공간 구성은 다른 궁궐과 달리 매우 독특하다. 정전인 숭정전 영역이 서쪽에, 침전인 융복전·회상전 영역이 동쪽에 나란히 놓여 있으며, 정문인 흥화문은 궁궐의 남쪽에 있지 않고 동남쪽 모퉁이에 위치하고 있다. 따라서 정문에서 내전으로 진입하는 길은 침전 앞을 지난 다음 북으로 꺾어 정전으로 들어가게 되어 있다. 이는 경복궁이 남쪽으로 난 정문을 통해 북쪽을 향해 진입하도록 배치되고, 침전이 정전 뒤에 있는 점과 다르다."라고 나와 역시 한국민족문화대백과사전과 같은 내용입니다.

광해군 세 견해 모두 특이한 구조라는 사실을 알고는 있는데 왜 그렇게 되었는지 그 이유는 모른다…… 이런 것이네요? 숭정전의 구체적인 위치를 잡은 것은 당연히 풍수술사를 포함한 주요 신하들이었지만 그것의 최종 결재는 제가 했잖아요. 제가 아무렇게나 했을 것 같은가요? 그렇지는 않았겠죠? 그렇다면 제가 여러분들이 도저히 풀 수 없는 역사의 미스터리를 선물한 게 되는 건가요? 하하하!

시리 도저히 풀 수 없는 역사의 미스터리라고요? 지금까지는 그 말씀이 맞는 것 같습니다. 그런데 임금님, 우리 제작팀에서 그걸 풀어 주실 것을 기대하면서 임금님을 어렵게 이 자리에 모신 거잖아요.

하늘-인왕산-경희궁(숭정문)의 풍경을 찾아 진입로를 꺾다

광해군 무슨 말인지 알겠어요. 이제부터 풀어 드려야죠. 그럼 시작해 보죠. 먼저 풍수술사들이 숭정전터가 명당의 혈처라고 이야기했으니까 제가 그 자리를 잡았을 것임은 분명하잖아요. 그러면 명당의 혈처라는 것을 어떻게 아느냐…… 일반적으로는 지기地氣의 흐름이 산줄기를 타고 어떻게 흘러 다니다가 어디에 모이고 등등의 어려운 이야기를 통해 명당의 혈처를 설명하잖아요. 하지만 정도전 선생이나 태종 임금님의 이야기를 조금이라도 들은 사람이라면 너무나 쉬운 방법이 있다는 것을 알고 있을 겁니다. 안시리 아나운서, 그게 뭘까요?

시리 임금이 하늘로부터 조선이란 나라의 통치권을 부여받은 신성한 존재라는 것을 하늘-산-궁궐의 3단계 풍경으로 상징화하는 것 말이죠?

광해군 잘 아시네요. 바로 그거죠.

궁금 임금님, 그러면 경희궁에도 하늘-산-궁궐의 3단계 풍
경이 있다는 말이죠? 아, 아니다. 지금까지 들어 온 바
에 따르면 당연히 있겠죠?

광해군 당연히 있지요. 그러면 하늘-산-궁궐의 3단계 풍경을
통해 임금의 신성한 권위에 대한 시각적 체험을 극적
으로 만들기 위해 중요한 것은 무엇이었을까요? 이번
에는 궁금 씨가 대답해 보실래요?

궁금 진입로 아닌가요?

광해군 한 치의 주저함도 없이 대답하는 걸 보니까 그동안 공
부 많이 하셨네요. 맞아요. 진입로예요. 서울 도성 전체
로 봤을 때 하늘-북악산·보현봉-경복궁(광화문)의 3단
계 풍경에 대한 시각적 체험을 극대화시키기 위해 세
종대로사거리에 서기까지 3단계 풍경을 절대로 볼 수
없게 세계에서 유례를 찾아볼 수 없는 간선도로의 구
조를 만들어 냈잖아요. 창덕궁에서는 인정전터를 먼저
잡은 후 하늘-보현봉-창덕궁(돈화문)의 3단계 풍경을
만들어 내기 위해 궁궐 안에서 진입로가 두 번 꺾이는

162

독특한 구조를 만들어 냈고요. 그렇다면 경희궁에서도 그런 일이 벌어졌을 것이라고 충분히 상상할 수 있겠죠? 그렇다면 당연히 경희궁에 이르는 진입로, 그리고 정문인 흥화문을 통해 정전인 숭정전에 이르는 진입로를 유심히 살펴봐야 할 것입니다. 제가 하늘-산-경희궁의 3단계 풍경이 분명히 있을 것이라고 말했는데요. 그러면 여기서 산은 어떤 산을 가리킬까요? 이 물음에서 경희궁의 궁궐 영역만 그린 「서궐도안」은 대답을 줄 수가 없어요. 그래서 경희궁의 숭정전을 중심으로 넓은 범위에서 주변의 산세를 찍은 항공 지도 하나를 다음 쪽에서 제시해 드리겠습니다.

다음 쪽의 지도를 보면 숭정전을 중심으로 동북북쪽에 북악산이, 서북쪽에 인왕산이, 서서북쪽에 안산이 있어요. 그러면 하늘-산-경희궁의 3단계 풍경은 어느 산을 배경으로 만들어졌을까요? 궁금 씨, 맞혀 볼래요?

궁금 임금님, 저 지도만 보면 세 개의 산 모두 가능한데요. 어느 산인지는 답할 수가 없습니다. 죄송하지만 숭정전이 있는 경희궁 부분을 좀 더 확대해 주시면 제가 맞힐 수 있을 것 같아요.

북악산 ▲

인왕산 ▲

안산 ▲

숭정전

경희궁 숭정전을 중심으로 두고 본 북악산, 인왕산, 안산

광해군 하하하! 지도를 확대하여 숭정전의 진입로 방향을 보면 맞힐 것 같다…… 이거네요? 궁금 씨가 제대로 알고 있는 것 같습니다. 알겠습니다. 아래 확대한 지도를 보여 드리니, 궁금 씨가 지도를 보고 바로 맞혀 주세요.

궁금 확대한 지도를 보니까 쉬운데요? 진입로가 서북-동남 방향이니까, 왼편 지도와 비교해 보면 서북 방향에 있는 인왕산 아닌가요?

광해군 와우! 정확하게 맞혔어요. 숭정문-숭정전과의 일직선 방향에 인왕산 정상이 있어요. 다만 정문인 흥화문, 중문인 건명문과의 관계를 좀 더 살펴봐야 더 정확한 설명이 가능하리라고 보는데요. 그래서 지도를 하나 더 준비했습니다.

아래 지도는 치밀한 발굴 결과를 바탕으로 제작된 경희궁 배치도인데요. 경희궁의 정문인 흥화문에서 건양문과 숭정문을 거쳐 정전인 숭정전까지의 진입로를 잘 보여 주고 있어요. 흥화문을 들어와 금천교를 지나 남쪽으로 한 번 꺾어지고, 다시 서쪽으로 꺾은 다음에 한참을 가다가 서북쪽으로 꺾어져 숭정문을 지나는 순서로 되어 있어요. 도대체 왜 이런 진입로가 만들어진 걸

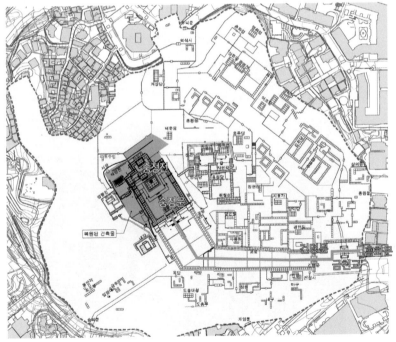

경희궁지 추정 복원도

까요? 숭정문-숭정전-인왕산이 일직선 방향이라는 사실과 비교하면서 이해하면 좋을 텐데요. 안시리 아나운서가 한번 생각해 보실래요?

시리 제가요? 음…… 혹시 건양문에서 서쪽으로 가다가 서북쪽으로 꺾이는 지점에서 서북쪽을 바라보면 하늘-인왕산-경희궁(숭정문)의 3단계 풍경이 처음으로 보이는 것 아닌가요?

광해군 와우~ 안시리 아나운서도 정확하게 맞혔어요. 바로 그 지점에서 보이는 3단계 풍경의 사진을 가져왔어요. 다음 쪽 사진을 한번 보실래요? 안시리 아나운서, 이 사진을 보니까 어때요?

시리 하늘-인왕산-경희궁(숭정문)의 3단계 풍경이 정말 깔끔하고 멋진데요?

광해군 정말 멋지고 괜찮죠? 이 3단계 풍경을 만들기 위해 숭정전과 숭정문의 터를 잡은 것이고, 경희궁 전체의 영역에서 숭정전이 서북쪽 모퉁이에 위치하게 된 거죠. 그런데 궁금 씨가 앞에서 이런 말을 했어요. 진입로의 언덕을 오르다가 다시 내려간 곳에 숭정문이 있다고요. 하늘-인왕산-경희궁(숭정문)의 3단계 풍경은 오르

막길이 내리막길로 바뀌는 가장 높은 곳에서 찍은 것인데요. 건양문에서 서쪽으로 오다가 서북쪽으로 꺾이는 지점이 바로 그곳이에요. 결국엔 그 지점에 도착하기까지 하늘-인왕산-경희궁(숭전문)의 3단계 풍경은 안 보인다는 의미입니다.

시리 그렇다면 흥화문 앞쪽에서도 하늘-인왕산-경희궁(숭정문)의 3단계 풍경이 안 보인다는 뜻이네요.

광해군 당연하죠. 흥화문에서 인왕산은 서북쪽에 있기 때문에 정서-정동 방향을 취한 흥화문 앞쪽에서는 3단계 풍경이 보일 리가 없죠.

궁금 임금님 말씀을 들으니까 경희궁의 진입로가 왜 그렇게 복잡하게 만들어졌는지 이해할 수 있을 것 같습니다. 하늘-인왕산-경희궁(숭정문)의 3단계 풍경이 보이는 지점에 이를 때까지는 진입로가 그 3단계 풍경의 핵심인 인왕산을 철저하게 보지 못하게 만드는 형식으로 만들어진 거네요.

광해군 맞아요. 진입로의 복잡한 구조는 하늘-인왕산-경희궁(숭정문)의 3단계 풍경에 대한 시각적 체험을 극대화시키기 위한 장치이죠. 정문인 흥화문을 동향으로 만든

🌑 경희궁의 3단계 풍경

것은 그 앞쪽에서 서쪽을 바라보게 하여 서북쪽의 인왕산을 보지 못하게 한 겁니다. 흥화문을 들어오고 금천교를 지나면 진입로가 갑자기 남쪽으로 꺾이는데, 이것은 서북쪽의 인왕산으로 눈길을 더욱 향하지 못하게 만들기 위함이죠. 그리고 곧바로 서쪽으로 다시 꺾이고 건양문을 지나는데요. 이런 진입로를 거쳐 오면 서북쪽으로 꺾이는 지점에 이르러 갑자기 하늘-인왕산-경희궁(숭정문)의 3단계 풍경이 나타나 시각적 체험을 극대화시키게 됩니다.

시리 지도와 사진을 보면서 임금님의 설명을 들으니까 확실히 이해되네요. 하늘-산-궁궐의 3단계 풍경을 만들어 낼 수 있는 곳에 정전인 숭정전의 터를 잡았고, 그 3단계 풍경의 시각적 체험을 극대화시키기 위해 진입로를 만들었다…… 그렇게 하고 나서 내전의 여러 건물들을 배치하다 보니까 진입로의 서쪽과 북쪽에 만들 수밖에 없게 되었다…… 그 결과 경희궁의 구조는 경복궁, 창덕궁, 창경궁에서는 볼 수 없는 독특한 구조가 되었다…… 이거네요?

광해군 안시리 아나운서가 간결하게 잘 정리해 주셨네요. "이

런 전각 배치는 법궁보다는 형식의 얽매임이 덜한 이
궁이기에 가능했고, 또 처음부터 궁궐터로서는 비좁은
공간을 실용에 맞게끔 자유롭게 활용한 지혜의 소산일
것이다."라는 설명이 얼마나 잘못된 것인지 알겠죠?

시리 예, 무슨 말씀인지 알겠습니다. 조선이란 나라에서는
지존으로서 임금의 권위를 궁궐의 풍경에 어떻게 담아
냈는지 알지 못했기 때문에 결국에는 그 구조를 제대
로 해석해 내지 못하고 엉뚱하게 설명하려 했다는 말
이네요.

광해군 하하하! 맞아요. 전통도시를 입체가 아니라 평면으로
보려 했기 때문에, 수도에서는 상징적 풍경 속에 국가
의 통치에 대해 하늘로부터 부여받은 임금의 신성한
권위를 표현해야 한다는 간단한 문명사적 논리를 몰랐
기 때문에 나타난 학술적 비극이죠.

궁금 저도 임금님의 설명이 거의 다 이해가 됩니다. 그런데
작은 것 같지만 궁금한 것이 하나 있는데요. 경희궁 밖
에서는 하늘-산-궁궐의 3단계 풍경이 안 보이는 거네
요?

광해군 궁금 씨가 잘 지적해 주었어요. 이미 설명했듯이 정문

인 홍화문 밖에서는 안 보이는데요, 이것도 경복궁이나 창덕궁과 다른 것이에요. 태종 임금님께서는 마음의 눈으로 보는 창경궁의 3단계 풍경을 소개해 주셨는데, 저는 정전인 숭정전의 주요 행사에 참여할 수 있는 신하들만 볼 수 있는 경희궁의 3단계 풍경을 말씀드리게 되네요. 백성들도 하늘-인왕산-경희궁(숭정문)의 3단계 풍경을 수시로 볼 수 있게 했으면 더 좋았겠지만 경희궁의 지형은 그것까지 허락하지를 않더라고요. 그래도 정전인 숭정전의 주요 행사에 참여했던 신하들을 통해 경희궁의 멋지고 엄숙한 3단계 풍경에 대한 소문이 쫙 퍼졌기 때문에 실제로는 보지 못한 백성들도 다 알고 있었습니다.

시리 임금님, 궁궐의 구조라는 관점에서 도시 전체와 함께 아무것도 없다고 여기면서 계획했던 경복궁은 좌우대칭의 전형적인 모습을 만들어 낼 수 있었지만, 이미 도시계획이 완성된 상태에서 만들어진 창덕궁, 창경궁, 경희궁에서는 다양한 구조를 형성할 수밖에 없었다는 말씀이네요. 하지만 하늘-산-궁궐의 3단계 풍경을 통해 임금의 권위를 표현했다는 점에서는 네 개의 궁궐이 모두 동일했고, 그것이 구조에서의 큰 차이에도 불구하고 네 궁궐 모두에 관철된 보편성이었던 것이네요. 임금님의 흥미진진한 이야기에 빨려 들어 듣다 보니까 끝날 때가 다 되었다는 것도 잊게 되네요. 더 듣고 싶지만 경희궁 이야기는 이것으로 마쳐야 할 것 같습니다. 임금님, 마지막으로 출연 소감 부탁드립니다.

광해군 시간이 벌써 그렇게 되었군요? 음…… 경희궁의 핵심은 다 이야기한 것 같으니까 그것을 바탕으로 나머지 부분들을 살펴본다면 이해하기가 어렵지는 않을 겁니다. 아무쪼록 저의 인터뷰가 경희궁의 진면목을 세상에 알리는 데 도움이 되었기를 바랍니다. 덕분에 이승 구경도 할 수 있게 되었으니 비록 저의 트라우마 때문에 이루어진 무리한 건설 공사였지만 결과적으로는 경희궁이 저에게 복덩이였다는 자기만족도 할 수 있게 되었습니다. 남은 일주일간 정도전 선생, 태종 임금님처럼 이승 구경 잘 마치고 무사히 하늘나라로 돌아가도록 하겠습니다. 경희궁에 대한 저의 이야기를 들어 주신 모든 분들께 감사드립니다.

시리 궁금 씨도 광해군 임금님과 함께 경희궁 이야기를 나누었던 소감을 짧게 부탁드립니다.

궁금 교하천도, 경희궁 이야기가 당연히 가장 신선하고 중요했습니다. 또한 우리가 헤쳐 나가야 할 21세기 현재와 미래의 문제들에 대해 다시 한번 돌아볼 수 있는 좋은 계기도 된 것 같아 기분이 좋습니다. 광해군 임금님을 이렇게 뵙게 되어 영광이었으며 다시 한번 감사드립니다. 다른 주제로 또 이승에 환생하시어 우리의 역사 인터뷰에서 만나 뵐 수 있기를 기원합니다.

시리 임금님과 궁금 씨의 좋은 소감, 많이 인상적이었습니다. 우리 역사 방송의 이번 주 '역사 인물 환생 인터뷰'는 이것으로 마치도록 하겠습니다. 유익하고 좋은 말씀 해 주신 광해군 임금님, 함께 참여해 주신 역사도우미 궁금 씨와 청중 열 분, 그리고 늦은 밤까지 시청해 주신 열렬 시청자 여러분께 감사드립니다. 다음 주에도 흥미진진한 주제로 다시 만나 뵐 것을 약속드리며, 신록이 무르익는 화창한 주말 즐겁게 보내시길 바랍니다. 안녕히 계십시오.

궁궐 밖
정원들은
진정한
자연정원이었다

시리　시청자 여러분, 안녕하십니까. 역사 방송 아나운서 안 시리 인사드립니다. 우리 역사 방송에서는 지난 세 주에 걸쳐 태종 임금님과 광해군 임금님을 모시고 창덕궁, 창경궁, 경희궁의 건설 과정과 하늘-산-궁궐의 3단계 상징 풍경, 궁궐의 구조, 정원 등의 특징을 살펴보았습니다. 아쉽게도 오늘로써 서울편 2가 모두 끝나게 됩니다. 그동안 너무 궁궐만 이야기하니까 궁궐 밖 세상은 어땠을지 궁금하셨을 분들이 꽤나 많으실 것 같은데요. 그래서 오늘은 마지막인 만큼 서울의 지리지인 『동국여지비고東國輿地備考』의 저자 경승람 선생님을 모시고 궁궐 밖 서울의 이야기를 들어 보는 시간을 마련했습니다. 경승람 선생님, 어서 오십시오. 모두 큰 박수로 맞이해 주시기 바랍니다.

경승람　안녕하세요. 경승람 인사드립니다. 시청자 여러분 정말 반갑습니다. 하늘나라에서 역사 방송의 서울편 7주 분량을 모두 재미있게 지켜봤는데요. 지지난 주에 저처럼 무명인 사람에게 출연 섭외가 들어와서 깜짝 놀랐습니다. 정도전 선생님, 태종 임금님, 광해군 임금님 등 너무나 쟁쟁한 분들이 먼저 출연하셨기 때문에 지금 몹시 긴장하고 있습니다. 이 프로그램을 진행해 오신 안시리 아나운서와 궁금 씨가 풍부한 경험을 바탕으로 잘 이끌어 주실 것이라 믿으면서 역사 방송에서 저에게 부탁한 서울 이야기를 무사히 잘 끝낼 수 있도록 최선을 다해 보도록 하겠습니다.

서울의 궁궐 밖에는 전통정원이 왜 이리 없을까

시리   경승람 선생님이 너무 겸손하신 것 같습니다. 서울의 지리지 중에서 경승람 선생님이 편찬하신『동국여지비고』가 가장 풍부한 내용을 담고 있기 때문에 도시와 궁궐의 계획자나 최종 승인자가 아니심에도 우리 제작팀이 특별 출연을 요청하게 되었다고 들었습니다. 아마 서울의 모습을 가장 체계적으로 설명해 주실 수 있는 적임자라 여겼기 때문이라 생각하는데요. 서울편 2의 마지막 출연자로서 어떤 흥미로운 주제를 이야기해 주실지 상당히 궁금합니다. 오늘도 첫 질문의 포문은 늘 그렇듯이 궁금 씨가 열어 주시겠습니다. 궁금 씨, 어떤 질문을 준비해 오셨나요? 자, 포문을 열어 주시죠.

궁금 안녕하세요. 역사도우미 궁금 인사드립니다. 오늘도 시
     청자 여러분을 대신하여 송곳 같은 질문으로 시작을
     하고 싶은데요, 솔직히 첫 질문이 좀 어려웠습니다. 지
     난주까지는 정도전 선생님, 태종 임금님, 광해군 임금
     님 등 누구라도 쉽게 알 수 있는 분들을 모셨는데, 경승
     람 선생님은 저에게도 그렇지만 시청자분들께도 너무
     생소한 분이 아닐까 싶습니다. 그래서 일단 첫 질문보
     다는 경승람 선생님이 어떤 분인지 자기소개를 좀 더
     듣고 싶습니다. 선생님, 혹시 해 주실 수 있나요?

경승람 자기소개요? 하하하! 알겠습니다. 먼저 경승람이란 이
     름은 저의 본명이 아니고 오늘 출연 부탁을 받고 나서
     급하게 지은 예명임을 밝힙니다.

궁금 예? 경씨라서 희귀 성이라고만 생각했는데, 경승람이
     란 이름이 예명이시라고요? 그러면 선생님, 왜 본명이
     아니라 예명으로 나오신 건가요?

경승람 제가 서울의 지리지인 『동국여지비고』의 편찬자는 맞
     습니다. 『신증동국여지승람』(25책) 등 다양한 자료를
     수집하여 제 나름의 원칙을 갖고 편집한 것이기는 하
     지만 독창적인 저술은 아니라고 생각하여 제 이름을

써 놓지 않았습니다. 그래서 미안하게도 요즘의 연구자들이 책 속의 내용이나 다른 문헌을 통해 편찬자인 저를 추적하려고 노력했지만 아직까지는 밝혀내지 못한 것으로 알고 있습니다. 제가 이 자리에서 '아무개'라고 저의 본명을 밝힐 수는 있지만 하늘나라에서 '역사 인물 환생 인터뷰'의 출연을 허가하면서 이승의 연구자들이 아직 찾아내지 못한 사실을 스스로 밝혀서는 안 된다는 조건을 내걸었습니다. 그래서 아쉽지만 어쩔 수 없이 저의 정체는 연구자들에게 앞으로의 연구 과제로 남겨 두도록 하겠습니다.

시리 너무 아쉬운데요? 선생님이 직접 밝혀 주시면 쉽게 해결될 것 같은데……. 어쨌든 우리 프로그램의 출연 조건으로 하늘나라에서 정한 것이라고 하니까 그 문제는 더 이상 언급하지 않겠습니다. 그런데 선생님, 예명을 특별히 '경승람'이라고 지으신 이유가 있을 것 같은데 혹시 그 이유를 말씀해 주실 수 있나요?

경승람 한자로 보면 京(경)은 '서울'이란 뜻이고요, 勝覽(승람)은 우리나라 최고의 지리지인 '新增東國輿地勝覽(신증동국여지승람)'에서 따온 것인데 '모두 볼 수 있다'는 의미입니다. 합해 보면 '서울을 모두 볼 수 있다'는 뜻으로, 제가 편찬한 『동국여지비고』가 서울의 모든 것을 담고 있다는 것을 상징적으로 표현하기 위해 만든 예명입니다. 자화자찬이 너무 심한 예명이죠? 그래도 이왕 이렇게 출연하게 된 것, 쑥스러움을 무릅쓰고 제가 편찬한 서울의 지리지를 홍보하고 싶은 마음에서 그렇게 지었습니다. 모두들 너그럽게 봐 주시면 감사하겠습니다.

시리 선생님, 요즘은 진정한 자기 PR의 시대이니까 너무 쑥스러워하지 않으셔도 됩니다.

경승람 아휴, 그렇게 봐 주시니 감사할 따름입니다.

궁금 그런데 선생님, 『동국여지비고』에서 '동국東國'은 우리나라를, '여지輿地'는 지리를, '비고備考'는 참고가 될 만한 사항을 보태어 적는 것을 가리킨다고 이전 시간에 이미 들은 바 있습니다. 따라서 『동국여지비고』는 우리나라 지리지라고 볼 수 있는데요. 왜 서울의 지리지 내용만 수록되어 있는 건가요?

경승람 궁금 씨가 이 프로그램을 열심히 하시다 보니까 지식이 엄청나네요. 완전 맞는 말입니다. 그렇다면 제가 서울의 지리지만 만들려 했던 건 아님을 아시겠죠?

궁금 그러면 우리나라 지리지를 다 만드셨는데 서울의 지리
      지 부분만 전해지고 있는 건가요?

경승람 제가 편찬자이니까 확실한 답을 알고 있겠죠? 하지만
      그럴 수도 있고 아닐 수도 있다고 애매모호하게 대답
      해 드립니다. 왜냐하면, 이미 하늘나라에서 '역사 인물
      환생 인터뷰'의 출연을 허가하면서 이승의 연구자들이
      아직 찾아내지 못한 사실을 스스로 밝혀서는 안 된다
      는 조건을 내걸었다고 말씀드린 바 있잖아요. 이 내용
      도 그 조건에 해당되니 답답해도 이해해 주시길 바랍
      니다. 다만 제가 『동국여지비고』를 편찬한 시기가 지금
      으로부터 170년 전 안팎이라는 사실만 알려 드리도록
      하겠습니다.

시리 솔직히 많이 답답합니다만 그 정도의 힌트라도 주셨으
      니 앞으로 우리 연구자들이 잘 찾아낼 것이라 믿어 보
      겠습니다. 그러면 이제부터 본격적으로 선생님이 말씀
      해 주실 오늘의 주제에 대해 여쭤 보려 하는데요. 혹시
      서울 전체에 대해 이야기해 주실 것은 아니죠?

경승람 예, 아주 일부분만 이야기해 드릴 겁니다. '역사 인물
      환생 인터뷰' 제작팀에서 출연 섭외 연락이 왔을 때 엄

청 놀라서 저도 똑같은 질문을 했거든요. '저에게 서울 전체에 대해 이야기해 달라는 것은 아니죠?' 이렇게요. 그랬더니 그건 아니고 '서울에 있던 궁궐 밖의 정원'에 대해 인터뷰를 요청하고 싶은데 가능하냐고 물어 오더라고요. 그 질문을 듣고 저는 또 놀라면서 왜 하필 '서울에 있던 궁궐 밖의 정원' 인터뷰를 하고 싶은 거냐고 되물어 봤습니다.

궁금 선생님은 뭐라고 대답하셨나요?

경승람 아휴, 궁금 씨가 갑자기 치고 들어오네요. 그만큼 궁금 씨도 궁금하다는 의미죠? 그때 저도 그랬습니다. 제작팀의 대답은 정도전 선생님으로부터 경복궁의 정원, 태종 임금님으로부터 창덕궁의 정원에 대한 혁신적인 이야기를 들으면서 궁궐 밖의 정원은 어땠을지 궁금해졌다는 거예요. 그래서 작가들이 총동원되어 궁궐 밖의 정원에 대한 연구 자료들을 살펴봤는데, 궁궐 안이든 밖이든 한국 정원의 특징이 '자연과의 조화를 추구했다'는 등 익히 아는 주장밖에 없더래요. 그런데 작가들은 그런 주장이 정도전 선생님과 태종 임금님으로부터 완전히 부정된 주장임을 이미 알고 있었기 때문에 많이 실망했다고 합니다. 그래서 어떻게 해야 하나 모여서 회의를 했는데, 그때 어떤 작가가 '이런 걸 알아보면 어떻겠느냐'며 신기한 제안을 했다고 하더라고요.

시리 신기한 제안요? 그게 어떤 건가요?

경승람 안시리 아나운서도 갑자기 들어오네요. 그런데 안시리 아나운서는 알고 있던 내용 아닌가요?

시리 오늘의 주제가 '서울에 있던 궁궐 밖의 정원'이라는 사실은 당연히 알고 있었는데요. 그게 신기한 제안이라고 말씀하시니까 왜 신기한 제안인지 갑자기 궁금해서요.

경승람 그 작가가 기존의 연구들을 살펴본 결과, 서울에서 전통정원이라고 하면 창덕궁의 후원만 소개하는 것이 대부분이고 그 이외에는 성락원 등 극히 일부만 언급된다는 거예요. 혹시 실제로는 많이 전해지는데 창덕궁의 후원이 하도 뛰어나서 그런 건가 자료를 이리저리 찾아봤지만 결과는 똑같았다고 하더라고요. 그러면서 '창덕궁의 후원을 제외하면 서울에는 왜 이리 전통정원이 전해지고 있지 않은 거지?' 이런 의문이 저절로 생기더라는 겁니다. 그래서 '서울에 있던 궁궐 밖의 정원' 이야기를 서울편 2의 마지막 주제로 잡아 보면 어떻겠느냐는 제안을 했다고 합니다. 그게 받아들여져서 인터뷰할 역사 인물로 어떤 사람을 초청해야 하는지 논의하다가 서울의 지리지 중에서 가장 풍부한 내용을 담고 있다고 판단된 『동국여지비고』의 저자인 저를 초청하기로 한 것이라고 하더라고요. 물론 『동국여지비고』의 저자가 누군지 알 수 없어서 의견이 분분했는데, 하늘나라 사무국에 직접 연락하여 『동국여지비고』의 저자인 저를 찾게 되어 출연 요청을 했다고 합니다.

시리 선생님, 그러면 '서울에 있던 궁궐 밖의 정원'이란 오늘의 주제는 '창덕궁의 후원을 제외하면 왜 이리 서울에는 전통정원이 전해지고 있지 않은 거지?' 이런 의문에서 시작되었다는 거네요?

경승람 예, 맞아요. 안시리 아나운서, 혹시 다른 나라의 전통도시에 여행 갔을 때 전통정원을 얼마나 봤나요? 그리고 그 느낌은 어땠나요?

시리 음…… 전통정원에만 집중하여 여행한 적은 없지만 지금 와서 되돌아보면 일본과 중국의 여행에서 전통정원을 꽤나 많이 봤던 것 같습니다. 일본의 교토에 갔을 때 금각사金閣寺와 은각사銀閣寺 같이 유명한 정원은 여행 간

사람은 누구나 보는 거잖아요. 제가 이틀 동안 자전거를 타고 돌아다녔는데 유명하지 않은 작은 전통정원이 도시 곳곳에 꽤 많더라고요. 중국의 소주에 갔을 때도 졸정원拙政園, 유원留園, 사자림獅子林처럼 유명한 정원은 말할 것도 없고 아기자기하고 규모가 큰 전통정원이 도시 곳곳에 넘쳐났던 것으로 기억합니다. 두 도시에서 봤던 정원들은 궁궐 안에 있던 것은 아니었는데요. 그때 솔직히 말씀드려서 '왜 600년 수도였던 서울에는 저렇게 아기자기한 전통정원을 찾기가 어렵지?' 하는 마음이 들었습니다. 조선시대의 건축물이 웅장하지도 화려하지도 않은 것에 대해서와 마찬가지로 작은 나라니까, 물산이 풍부하지 않아서, 유교 때문에, 자연과의 조화를 추구했으니까 등등 별별 원인을 다 생각해 봤던 기억이 있습니다.

경승람 안시리 아나운서의 솔직한 대답, 고맙습니다. 그러면 궁금 씨도 외국의 전통도시에 여행 갔을 때 전통정원을 봤을 것 같은데, 어땠나요?

궁금 저요? 음…… 저도 일본의 교토와 중국의 소주에 가 봤는데요. 안시리 아나운서와 비슷한 것을 봤고 비슷한 생각을 했습니다. '왜 600년 수도였던 서울에는 저렇게 아기자기한 전통정원을 찾기가 어렵지?' 바로 이거요. 아, 인도 뉴델리에서 가까운 라자스탄주의 주도인 자이푸르에 갔을 때 호텔로 개조한 귀족의 저택에서 이틀밤을 묵은 적이 있는데요. 거기에도 멋진 전통정원이 있어서 놀랐습니다. 이런 경험들 때문에 나중에 방송과 유튜브 등에서 전통정원이 우연히 나오면 자세히 보는 습관이 생겼는데요, 유럽과 이슬람 지역의 귀족 저택에도 전통정원은 기본이더군요. 그럴 때마다 '왜 600년 수도였던 서울에는 저렇게 아기자기한 전통정원을 찾기가 어렵지?' 이런 생각을 떨칠 수가 없었습니다.

경승람 궁금 씨는 간단하게 대답할 줄 알았는데, 예상 밖으로 길게 말해서 좀 놀랐습니다. 전통정원이란 주제를 꺼내니까 그동안 마음속에 담아 두고 있던 이야기가 막 튀어나오는 것 아닌가 합니다. 그러면 이제부터 안시리 아나운서와 궁금 씨가 마음속으로 그렇게나 궁금해했던 '왜 600년 수도였던 서울에는 저렇게 아기자기한 전통정원을 찾기가 어렵지?'라는 이 주제를 본격적으로 살펴보기로 할까요?

정원의 본질로 돌아가면 보인다

시리 선생님, 오늘의 주제에 대한 도입부가 꽤 길었는데요. 우리나라 사람 대다수가 전통정원이란 주제를 다루려면 '왜 600년 수도였던 서울에는 저렇게 아기자기한 전통정원을 찾기가 어렵지?' 이런 의문부터 가져야 한다는 의미로 들립니다.

경승람 예, 그렇습니다. 우리나라 전통정원에 대해 연구한 논문이나 책에서 '자연과의 조화'나 자연의 경치를 빌린다는 의미의 '차경借景' 등 우리나라 전통정원의 특징을 언급합니다만, 그것보다 먼저 의문을 제기해야 하는 것이 '왜 우리나라엔 전통정원이 별로 없지?' 이것이어야 합니다. 우리나라에 전해지는 전통정원이 없는 것은 아니지만 절대적인 숫자라는 측면에서 볼 때 중국이나 일본은 물론이고 인도, 유럽, 이슬람권 등 다른 나라나 문명권에 비하면 비교할 수 없을 정도로 적거든요. 이것은 조선의 수도였던 서울에도 해당되고, 지방 전체에도 해당되는 이야기예요.

시리 우리나라 전통정원의 특징을 밝히는 것도 좋지만 그것보다 수적으로 전통정원 자체가 현저하게 적은 현상에 먼저 초점을 맞추어야 한다는 말씀이네요. 그런데 선생님, 궁금한 것이 하나 있습니다.

경승람 뭔데요? 갑자기 물어 오니까 무슨 질문일지 제가 더 궁금해지는데요?

시리 조심스럽게 질문 드리는데요. 혹시 우리나라에도 다른 나라나 문명권처럼 전통정원이 많이 있었는데 일제강점기, 해방 후의 혼란과 한국전쟁, 빠른 경제 성장과 선진국 진입을 거치면서 너무 많이 사라졌기 때문은 아닌가요?

경승람 음…… 지난 100여 년 동안 세계에서 유례를 찾아보기 어려울 정도로 빠르고 파란만장하게 변화해 왔던 우리나라의 역사를 고려하면 충분히 그렇게 추정할 수 있습니다만, 아닙니다. 여러분들이 일반적으로 갖고 있는 정원의 이미지 관점에서 보면 조선의 수도였던 서울에는 궁궐을 제외하면 전통정원이라고 부를 만한 곳이 거의 없었다고 말하는 것이 맞습니다. 여러분들이 이미가 봤다고 말한 전통정원의 이미지 두 장을 준비해 왔는데요, 옆 쪽에서 보시면 됩니다. 위의 것은 일본 교토

일본 교토의 금각사 (위), 중국 소주의 졸정원 (아래)

의 금각사, 아래의 것은 중국 소주의 졸정원 사진입니다. 궁금 씨, 혹시 두 개의 정원 사진에서 어떤 공통적인 특징이 보이나요?

궁금 두 곳 다 가 본 제 기억을 더듬어 보면 두 정원 모두 규모가 엄청나게 크고 정말 입이 딱 벌어질 정도로 아기자기했는데요. 두 곳만 비교하라면 졸정원이 특히 그랬습니다. 그런데 저 두 사진이 우리들이 일반적으로 갖고 있는 정원의 공통적인 이미지와 관계가 있다는 건가요?

경승람 여러분들이 쉽게 이해할 수 있도록 유명한 정원 사진을 보여 드린 거예요. 크기가 작은 전통정원이더라도 여러분들이 일반적으로 갖고 있는 정원의 공통적인 이미지는 저 두 사진과 별로 다르지 않을 거예요. 그게 뭘까요?

궁금 음…… 자신은 없습니다만, 정도전 선생님의 경회루 정원과 향원정 정원 설명과, 태종 임금님의 창덕궁의 후원 설명을 고려해 보면 정원 안의 풍경을 모두 인공적으로 만들었다는 것 아닐까 하는데요? 혹시 맞나요?

경승람 궁금 씨, 정확히 맞혔습니다. 정도전 선생님과 태종 임금님이 이미 다 가르쳐 주셨네요. 교토의 금각사와 소주의 졸정원 모두 구체적인 모습은 다르더라도 풍경 전체가 인공적으로 만든 것이라는 공통점이 있어요. 이런 특징은 금각사와 졸정원에만 해당되는 게 아니라 일본과 중국의 전통정원 거의 모두에 해당됩니다. 뿐만 아니라 자연을 닮으려 했던 기하학적인 모양으로 만들었든 유럽, 인도와 이슬람 지역 등 다른 나라와 문명권의 전통정원 대부분에도 해당됩니다.

시리 무슨 말씀인지 알겠습니다. 풍경을 인공적으로 만들었다는 관점에서 정원의 이미지를 떠올린다면 조선의 수도 서울에는 전통정원이 원래부터 거의 없었다는 의미인 거죠?

경승람 안시리 아나운서도 정확히 맞혔습니다. 보통 정원이라고 하면 다 인공적으로 만든 풍경 이미지를 떠올리잖아요. 그런 관점에서 보면 서울에는 전통정원이 원래부터 거의 없었다고 말해야 사실에 부합합니다.

시리 선생님께서 '그런 관점에서 보면'이라는 가정 아래 '원래부터 거의 없었다'고 말씀하시는 것을 보면 '다른 관점에서 보면' 전혀 다른 결과가 나올 수도 있다는 것을 전제하고 계신 것 같은데요. 자신은 없지만…… 혹시 맞나요?

경승람 예, 맞아요.

시리 그러면 선생님, 다른 관점이란 어떤 것을 말하나요?

경승람 별것 아니에요. 이것 역시 정도전 선생님과 태종 임금님이 경복궁과 창덕궁의 정원을 말할 때 이미 다 언급했습니다. 정원의 풍경을 왜 인공적으로 만든 것에만 한정해야 하나? 자연적으로 존재하는 것을 그대로 이용하면 안 되나? 이런 식으로요. 정원의 본질은 일상으로부터 벗어난 꿈같은 풍경을 배경으로 한 휴식이나 사교의 공간입니다. 여기서 배경이 되는 꿈같은 풍경은 인공적일 수도 있고, 자연적일 수도 있는 것 아닌가요? 그런데 자연적인 것을 꿈같은 풍경의 배경으로 삼은 정원이 다른 나라 문명권에는 거의 없는데, 신기하게도 조선의 서울에서는 자연적인 것을 풍경의 대상으로 삼은 정원이 대부분이었어요.

궁금 선생님, 경복궁과 창덕궁의 정원 모두 구체적인 모습은 다르지만 자연적인 것을 풍경의 대상으로 삼았다는 점에서는 공통적이라는 것을 이미 배운 바 있는데요. 서울에서는 궁궐 밖의 정원에서도 마찬가지였다는 말씀인가요?

경승람 그렇지 않았겠어요? 경복궁의 경회루와 향원정 정원도, 창덕궁의 후원도 자연적인 것을 풍경의 대상으로 삼게 된 이유가 풍수의 논리로 수도의 입지가 결정되면서 산과 산줄기가 도시 깊숙이 들어왔기 때문이었잖아요. 그런 점에서는 서울에 있는 궁궐 밖 역시 마찬가지 아니었을까요?

시리 무슨 말씀인지 이제야 확실하게 감이 잡히네요. 다른 나라나 문명권의 정원에서 일반적으로 나타나는 인공적인 풍경에만 초점을 맞추면 서울에는 그런 정원이 거의 없었다는 의미네요. 하지만 인공적이든 자연적이든 꿈같은 풍경을 배경으로 삼아 휴식을 취하고 사교의 공간으로 삼는 정원의 본질로 돌아간다면 서울에도 자연적인 것을 풍경의 배경으로 삼은 정원이 많았을 수도 있다는 거네요.

경승람 맞아요. 약간 수정하면 '많았을 수도 있다'가 아니라 '많았다!' 이거예요. 다른 나라 문명권에서 흔한, 인공적인 것을 배경으로 삼은 정원의 이미지에만 초점을 맞추어 서울의 궁궐 밖에 그런 정원이 있었느냐? 만약 이렇게 물어 온다면 거의 없었다고 답할 수밖에 없어요. 하지만 다른 나라나 문명권에서는 보기 힘든, 자연적인 것을 배경으로 삼은 정원을 상정하고 서울의 궁궐 밖에 그런 정원이 있었느냐? 이렇게 물어 온다면 아주 많았다고 답할 수 있습니다.

궁금 선생님, 궁금한 게 있는데요. 이런 생각은 언제부터 하신 거예요?

경승람 언제부터요? 하하하! 음…… 제가 살던 시절부터 했다고 하면 거짓말이고, 하늘나라에 가서 여러 나라 사람들을 만나 이야기하고 다큐멘터리나 유튜브 등을 통해 여러 나라의 모습들을 보면서 생각한 거예요. 정원을 포함하여 듣고 보는 족족 제가 살았던 조선이 세계에서 정말 특이한 것이 많은 나라였다는 것을 알게 되더라고요. 그래서 왜 그렇게 된 것일까 곰곰이 생각하지 않을 수 없었는데요. 좀 더 깊이 생각해 보니까 본질에서는 같은데 현상에서 다른 것이더라고요. 오늘 주제인 정원을 갖고 이야기해 보면, 정원의 본질이 휴식과 사교의 공간이잖아요? 전통시대 휴식과 사교는 지배층의 특권이자 필수적인 삶의 일부였고요. 다른 나라나 문명권의 지배층에게는 그것이 있었고 서울에 살았던 조선의 지배층인 양반이나 왕실에게는 그것이 없었다고 보는 것이 더 이상하잖아요. 휴식과 사교의 공간으로서 정원의 구체적인 형태나 논리는 다를 수 있지요. 다만 조선의 정원이 너무나 특이해서, 좀 더 쉽게 말하면 다른 나라나 문명권에서는 거의 나타나지 않는, 자연적인 것을 풍경의 배경으로 삼아 만들어졌기 때문에 인공적인 것을 풍경의 배경으로 삼은 정원이나 그 연구에만 익숙한 이승의 연구자들이 그걸 잘 이해하지 못하고 있는 것을 하늘나라에서 지켜보면서 많이 안타까웠습니다.

사라진 계곡의 풍경을 찾아서

시리 풍수로 입지가 결정되어 산과 산줄기가 도시 깊숙이 들어온 서울에는 궁궐 안도 그렇지만 궁궐 밖에도 자연적인 것을 풍경의 배경으로 삼아 만든 정원이 많았다는 말씀이네요. 그런데 그렇게 많았던 자연정원이 왜 지금은 거의 남아 있지 않은 건가요?

경승람 음…… 궁궐의 자연정원도 모두 살아남은 게 아니에
요. 경희궁과 덕수궁에도 궁궐 뒤쪽의 작은 산줄기를
배경 삼아 자연정원이 있었는데, 일제강점기를 거치면
서 사라졌어요. 경희궁의 경우 궁궐 권역 전체가 파괴
되면서 자연정원 권역도 사라졌고, 덕수궁의 경우 궁
궐 중심부는 살아남았지만 자연정원이 있던 권역은 파
괴되었습니다. 다행히 경복궁, 창덕궁과 창경궁의 경
우 아주 일부를 제외하면 그래도 궁궐 권역 거의 전체
가 보존되어 그 안에 있던 자연정원이 더불어 보존 복
원될 수 있었던 겁니다. 궁궐 밖의 자연정원은 일제강
점기, 해방 후의 좌우 대립, 한국전쟁과 전쟁 후의 혼
란, 빠른 경제 성장과 도시의 인구 증가로 인한 거주 지
역의 확장 등 여러 계기를 거치면서 거의 다 사라지게
되었습니다. 이제부터 그 이야기를 해 드리려고 하는데
요. 우선 사진 한 장을 준비해 봤습니다. 한번 보시죠.
궁금 씨, 사진을 본 느낌이 어떠세요?

궁금 선생님, 굳이 왜 물어보시나요? 바위와 시내와 나무와
산이 어우러진 저 계곡의 사진을 보고서 멋지다고 이

야기하지 않을 사람이 있을까요? 그런데 저기가 어딘
가요? 지금 서울의 자연정원을 이야기하고 있으니까
금강산이나 설악산의 계곡을 보여 주고 계신 것은 아
니죠?

경승람 하하하! 그럴 리가 있나요? 인왕산 아래에 있는 수성
동계곡인데요. 1971년 이곳에 건설되었던 옥인아파트
를 2008년에 철거하고 2012년에 복원한 계곡의 모습입
니다. 그럼 철거하기 전의 모습이 어땠느냐? 상상이 잘
되지 않을 분들이 많을 것 같아서 사진 두장을 준비했
습니다.

궁금 저 사진들 속의 지역이 앞에서 봤던 수성동계곡의 그
곳이라고요?

경승람 맞아요. 위 사진은 옥인아파트가 철거되기 전의 모습이
고, 아래 사진이 2008년 철거된 다음의 모습이에요. 두
사진에 노란색 사각형으로 표시된 곳이 복원된 사진
속 바위와 돌다리가 있는 부분입니다. 만약 옥인아파트
가 철거되기 전에 가서 봤다면 과연 복원 후의 수성동
계곡 모습을 상상이나 할 수 있었을까요? 안시리 아나
운서 어떠세요?

위는 1982년 무렵 인왕산에서 본 서울 도심으로 아래 쪽에 옥인아파트의 철거 전 모습을 볼 수 있다. 네모 칸에 다리가 위치한다.

옆은 수성동계곡 복원 공사 중이며 네모칸에 다리가 보인다.

시리 음…… 당연히 상상하지 못했을 것 같습니다. 선생님이 이렇게 물어보시는 것은 수성동계곡 같은 저런 계곡이 서울에 많았는데 도시 인구의 증가로 거주 등을 위한 건축물을 확대하면서 지금은 상상하기조차 어려워졌다는 거네요?

경승람 그렇죠. 북악산, 인왕산, 낙산, 남산의 산과 산줄기로 둘러싸인 서울의 지형에 대해서는 웬만한 사람들은 다 알고 있지만 그래도 이야기를 잘 풀어 가기 위해 서울 지도 하나를 준비해 봤습니다. 자, 보시죠.

인왕산 바로 아래에 수성동계곡의 위치를 표시했는데요. 도성 안에는 이런 계곡이 인왕산 동쪽뿐만 아니라 북악산 서남쪽과 동남쪽 지역에 얼마나 많았겠습니까? 인왕산과 북악산 지역보다는 못하더라도 낙산과 남산 지역에도 꽤 있었죠. 그런데 지금 이들 계곡의 대부분에 주거지가 형성되어 있으며, 계곡을 흘러내려 청계천에 합류하는 하천은 거의 모두 복개되어 도로가 되는 등 지금은 그 흔적을 찾기도 어렵습니다. 여기서 하나만 더 말하면요, 지금 복원된 수송동계곡을 가 보고서는 옛날의 계곡이 그 정도의 크기였다고 보면 안 된다

숙정문

창의문　북악산

인왕산

수성동계곡

홍화문

낙산

돈의문

흥인지문

소덕문

광희문

숭례문

남산

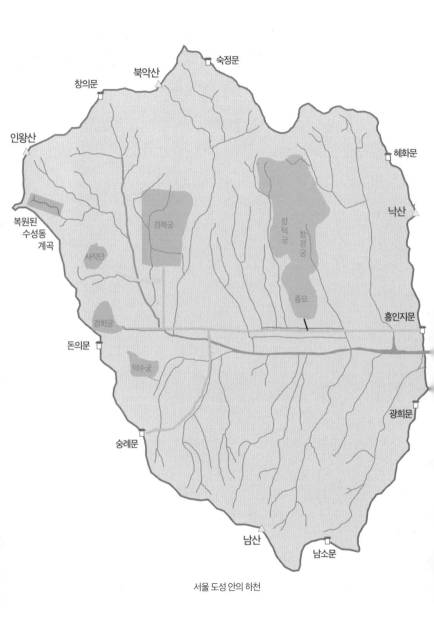

서울 도성 안의 하천

는 점이에요. 지금 복원된 수송동계곡은 아주 높은 지역에 있는 상류의 일부분이었을 뿐입니다. 여기서 서울 도성의 하천 지도를 하나 더 준비해 봤는데요. 지도에서 복원된 수성동계곡의 범위를 작은 분홍색 사각형으로 표시했습니다.

시리   선생님, 저 지도를 통해 보니까 현재 복원된 수성동계곡은 진짜 전체의 아주 일부에 불과하네요?

경승람   그렇죠? 지금은 기술이 발달되어 하천을 쉽게 복개하여 도로 등으로 사용할 수 있지만 옛날에는 그렇지 못했잖아요. 따라서 저 지도에 그려진 하천은 모두 드러나 있었죠. 화강암으로 뒤덮인 인왕산이나 북악산, 남산에서 시작된 계곡의 하천은 평지에 이르기까지 수성동계곡에서 보았던 기암괴석, 크고 작은 돌로 가득 찬채 급한 경사를 구불구불 흐르고 있었습니다. 낙산은 크고 높지 않아서 계곡이라고 말하지는 못하겠지만 역시 화강암으로 이루어진 산이었기 때문에 기암괴석과 큰 바위는 많았습니다. 여러분들이 그 모습을 보았다면 어떤 느낌이었겠습니까?

궁금   선생님, 짓궂게 자꾸 왜 물어보시나요? 바위와 시내와 나무와 산이 어우러진 계곡의 풍경을 보고 멋지다고 말하지 않을 사람은 없잖아요.

경승람 하하하! 당연한 걸 자꾸 물어보니까 짓궂게 느껴지죠? 강조하고 싶어서이니까 이해해 주세요. 어쨌든 서울의 도성 안에는 수성동계곡처럼 멋진 계곡이 참 많았어요. 그 중에는 수성동계곡보다 더 멋진 곳도 꽤 있었죠. 지금은 대부분 사라진 계곡의 모습을 진경산수화로 유명한 겸재 정선(鄭敾, 1676~1759년) 선생의 그림 두 점을 통해 한번 감상해 볼까요?

시리 기암괴석과 바위, 굽이굽이 흐르는 시내, 자연스런 나무 등이 어우러진 그림 속의 계곡 모습이 정말 멋진데요? 선생님, 여기가 어디인가요?

경승람 멋지죠? 그림에는 작가의 주관적인 기억과 감상이 들어가기 때문에 실제와는 다를 수 있습니다. 그래서 현재도 볼 수 있는 곳의 그림인, 정선 선생의 「수성동」을 위쪽에 배치해 봤는데요. 앞에서 사진으로 보았던 수성동계곡을 그린 것입니다. 「수성동」 그림에서 사람들 뒤에 있는 다리가 앞에서 본 사진 속 그 다리인데요. 실제 모습과 그림이 똑같지는 않지만 큰 흐름이나 멋지다는

「수성동」

「창의문」

측면에서는 별로 다를 바가 없지 않나요?

시리 그림이 더 단순하게 느껴지는데요? 음…… 오히려 그게 더 멋지면서도 담백한 맛을 주네요. 어쨌든 계곡의 큰 흐름이나 멋지다는 측면에서는 별반 다르지 않네요. 그러면 아래쪽의 그림은 어디를 그린 건가요? 계곡 전체의 모습이 수성동계곡보다도 더 멋진데요?

경승람 「창의문」 그림의 위쪽에 보이는 문이 경복궁과 청와대 방향에서 평창동으로 넘어가는 고개에 있는 창의문입니다. 현재 이 계곡의 하천은 당연히 복개되어 있고 주변에는 집과 각종 건축물이 들어차 있어서 그림 속의 저 멋진 풍경을 실물 그대로는 볼 수 없습니다.

자연정원이 엄청 많았다

궁금 저렇게 멋진 계곡이 서울에서 대부분 사라졌다니 너무 아쉬운데요? 우리 역사가 너무 무책임했던 게 아닌가 하는 생각이 듭니다.

경승람 궁금 씨, 많이 아쉽죠? 하지만 그렇다고 우리의 역사가 너무 무책임했다고까지 자책하지는 않았으면 좋겠어요. 잘 보존되었으면 좋겠다는 아쉬움은 저도 당연히 있지만 저런 풍경이 그대로 보존되었다면 지금의 번영하는 대한민국이 가능했을까라는 생각도 해 보면 좋겠어요. 세계에서 유례를 찾아보기 어려울 정도로 기적적인 대한민국의 경제 성장은 도시의 급속한 팽창을 전제로 이루어졌고, 자본이 절대적으로 부족했던 우리나라에서 자연풍경의 보존까지 신경 써 가며 도시를 정비해 나갈 여력을 갖기는 정말 힘들었을 거예요. 선진국 대열에 오른 지금은 무책임했다는 자책보다는 앞으로는 어떻게 복원하고 어떻게 보존할 것인지 발전적으로 고민하는 것이 더 필요하다고 생각합니다.

궁금 예, 선생님. 무슨 말씀인지 알겠습니다. 무의식적으로, 습관적으로 그런 이야기가 나온 것 같은데요. 앞으로는 조심하겠습니다.

경승람 아휴, 뭘 그렇다고 그렇게까지……. 오히려 제가 미안하네요. 그럼 오늘의 주제로 다시 돌아가서 궁금 씨에게 물어보겠습니다. 만약 자연풍경이 멋진 저 그림 속의 계곡에 궁금 씨가 집을 갖고 있다면, 궁금 씨는 어떤 정원을 꾸미고 싶은가요? 혹시 일본 교토의 금각사나 은각사, 중국 소주의 졸정원이나 유원, 사자림 같은 정원을 꾸미실 건가요?

궁금 너무 쉬운 질문을 하시니까, 무슨 함정이라도 있나 하는 생각도 드는데요. 음…… 너무 깊게 고민하지 않고 대답 드리면 그냥 저 멋진 자연풍경을 앉아서 즐길 수 있는 정자 하나 달랑 만들 것 같습니다.

경승람 함정이요? 하하하! 물론 함정은 아니었고요, 한 번 더 생각해 보라는 의미였어요. 저곳에 금각사나 은각사, 졸정원이나 유원, 사자림 같이 인공적으로 멋진 풍경의 정원을 만들고 싶다면 어떻게든 만들 수는 있어요. 그러려면 첫째, 정원의 범위로 설정된 구역 안의 기암괴석이나 나무 같은 자연풍경을 싹 밀어 버려야 하고, 둘째, 그곳에 인공적인 풍경을 만든 후 밖의 자연풍경이 보이지 않도록 담장과 출입구를 높고 교묘하게 쌓아야 합니다. 그런데 이렇게 하려면 비용이 엄청 든다는 단점이 있어요. 상식적으로 생각해서 그렇게 엄청난 비용을 쏟아부으면서까지 저렇게 멋진 자연풍경을 버릴 필요가 있을까요? 현명한 사람이라면 궁금 씨가 대답한 것처럼 그냥 저 멋진 자연풍경을 앉아서 즐길 수 있는 정자 하나 달랑 만들 것 같은데요. 정선 선생이 그린 다음 그림들처럼요.

시리 멋진 자연풍경을 간직한 계곡에 정자 하나 달랑 만든 그림들이네요. '달랑'이라고 표현했지만 저 정자들에

「독락정」

「청송당」

앉아서 바라보는 풍경은 엄청난 비용을 들여서 만든
인공풍경 못지않았을 것 같은데요?

경승람 자연풍경과 인공풍경 어느 것이 더 멋진지 따질 수는
없어요. 그냥 둘 다 멋지다고 보면 돼요. 어쨌든 멋진

「청휘각」

자연풍경이 있으면 그걸 감상의 대상으로 삼아서 정자
하나만 있는 자연정원을 만드는 것이 자연스럽지 않을
까요. 이럴 때 담장 안만이 아니라 밖의 풍경까지 감상
하게 만들어야 하니까 담장은 당연히 높지 않아야 하

겠죠? 저 그림 속의 자연정원들은 모두 유명한 대갓집 뒤편에 있던 건데요. 대갓집의 본채는 정선 선생이 그리지 않았어요. 그래서 대갓집의 본채 일부도 함께 그린 그림도 준비해 봤습니다.

시리 본채 전체는 아니고 일부가 정자와 함께 그려진 거네요? 이 그림들을 보면서 북악산과 인왕산 기슭에 대갓

「대은암」

「백운동」

「청풍계」

집이 많았을 거라고 해석해도 되나요?

경승람 예, 맞아요. 북악산과 인왕산 기슭이 제일 많았는데, 낙산과 남산 기슭에도 꽤 있었어요. 조선의 수도 서울에서는 그런 곳을 최고의 집터로 여겼답니다. 이들 계곡과 정원이 모두 사라져서 지금은 그림이 아니라면 보기 어려운 아쉬움이 있지요. 그런데 도성 밖이기는 하지만 그런 아쉬움을 달래줄 수 있는 정원이 하나 전해지고 있습니다. 흥선대원군의 별장으로 유명한 창의문 밖 부암동의 인왕산 기슭에 전해지는 석파정이 그것인데요. 옆의 사진으로 한번 감상해 보실래요?

궁금 저도 저기에 갔다 왔는데요. 정말 멋지더라고요. 인왕산의 기슭에 폭 안겨 있어서 기암괴석, 시내와 나무가 어우러진 계곡이 있고, 그 안에 석파정이라는 정자가 보이더라고요. 그리고 본채에서 멀리 바라보면 인왕산 줄기와 우뚝 솟은 북악산이 나타났는데요. 그 풍경의 위엄이 대단했습니다.

경승람 궁금 씨, 풍경의 위엄이란 표현이 확 다가오는데요. 정말 멋진 정원이란 말 이외에 달리 할 말을 찾기 어렵죠? 석파정의 정원에 인공 요소가 없는 것은 아니지만

자연적인 것에 비하면 극히 일부이죠. 그리고 본채, 사랑채, 별채 등 여러 건물마다 이름이 있었을 텐데도, 앞에서 보았던 그림 속 정원들처럼 멋진 풍경의 계곡에 세워 놓은 석파정이란 정자의 이름이 그 집을 대표하고 있습니다. 다소 차이가 있더라도 정선 선생의 그림 속에 정자가 있는 자연정원들이 다 석파정과 비슷했다고 보면 별로 틀리지 않을 겁니다. 이런 정원이 서울에 꽤 많았어요. 얼마나 되는지 저도 잘은 모릅니다. 제가 『동국여지비고』를 편찬할 때 당시의 사람들 사이에 유명했던 정원 20개를 뽑아서 '누정'이란 항목으로 정리했었는데요. 김정호 선생이 제작한 서울의 지도인 「수선전도」에 그 위치를 표시해 보면 옆의 지도와 같아요.

궁금 선생님, 궁금한 것이 있습니다. 선생님이 기록하신 누정에는 정선 선생님이 그린 그림 속의 정자가 하나도 없는 것 같은데요. 어떻게 된 건가요?

경승람 맞아요. 없어요. 앞에서 본 정선 선생의 그림 속에 있는 정자들은 당시 대갓집에 있던 유명한 것이었는데요. 제가 뽑은 20개의 누정에는 들어가 있지 않아요. 이게 무엇을 의미할까요? 그만큼 서울에는 정자나 누각이 있

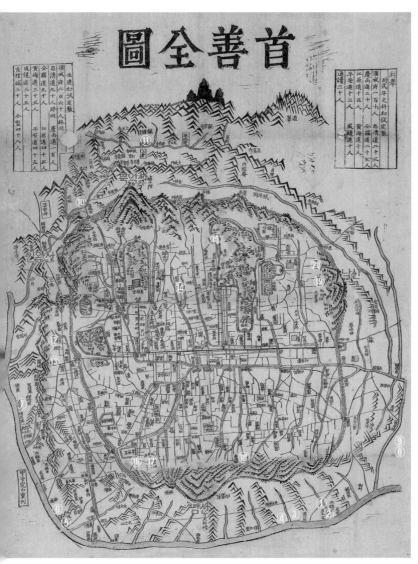

「수선전도」에 표시한 누정. ① 황화정(두뭇개) ② 유하정(두뭇개) ③ 제천정(한강나루) ④ 칠덕정(한강나루) ⑤ 읍청루(용산) ⑥ 영복정(용산) ⑦ 망원정(양화나루) ⑧ 낙천정(살꽂이) ⑨ 화양정(살꽂이) ⑩ 세검정(탕춘대) ⑪ 산영루(북한산성) ⑫ 반송정(모화관 북쪽) ⑬ 천영정(서쪽 연못) ⑭ 풍월정(안국방) ⑮ 몽답정(훈국북영) ⑯ 쌍회정(창골 앞) ⑰ 칠송정(남산 기슭) ⑱ 천우각(남별영) ⑲ 협간정(낙산) ⑳ 백림정(낙산).

는 자연정원이 엄청 많았다는 의미죠. 그래서 얼마나 많았는지 저도 잘 모른다고 말한 겁니다.

궁금 아, 그렇게 이해하면 되는 거네요. 그런데 선생님, 또 하나 궁금한 것이 있습니다. 저 지도에는 20개의 누정 중에서 성 안에 있는 것이 7개인데 반해 성 밖에는 13개나 됩니다. 이건 어떻게 봐야 하는 건가요?

경승람 궁금 씨가 지도만 딱 보고도 핵심을 잘 집어내네요. 제가 살던 시절 서울의 도성 밖에도 북악산의 북쪽, 인왕산의 서쪽, 낙산의 동쪽, 남산의 남쪽, 북한산 등 곳곳에 기암괴석, 맑은 시내가 멋지게 어우러진 계곡이 참 많았어요. 한강가에도 산과 바위와 벼랑과 한강의 물이 어우러진 멋진 풍경이 꽤 있었죠. 이런 한강가에 정자나 누대를 만들어 놓으면 정말 멋진 자연정원이죠. 넓은 평지의 한가운데에 들어선 도시였다면 한강처럼 다양한 풍경을 자랑하는 강이 도시 가까이 있기가 쉽지 않았을 겁니다. 앞의 지도에 표시된 누정 중에서 지금까지 전해지는 두 곳이 있는데요, 우선 그 중 하나를 정선 선생이 그린 그림과 현재의 모습을 비교해 가며 감상해 볼까요?

「정선 등 선면화집」에 실린 세검정 그림과 현재 모습

안시리 아나운서 멋지지 않나요? 어딘지 아시겠죠?

시리 저도 가 봤는데요. 북악산 북쪽의 평창동 지역에 있는 세검정 아닌가요? 정말 멋진 곳입니다.

경승람 맞습니다. 비록 그림 속의 풍경 중 높은 산을 제외한 대부분의 지역에 주택과 도로가 들어서면서 파괴되었지만 그럼에도 지금 가 봐도 계곡이 참 멋진 곳이죠. 계곡이 워낙 커서 그래도 일부 살아남은 건데요. 만약 주택과 도로가 없었던 시절에 저기를 방문했다면 어땠을까요? 아마 환상적이지 않았을까요? 다음은 그림으로는 전해지지 않지만 현재도 남아 있는 또 하나의 누정을 사진으로 보시죠.

시리 선생님, 저기도 가 봤습니다. 망원정 아닌가요?

경승람 맞아요. 잘 맞혔어요. 마포구 합정동의 한강가에 있는 망원정입니다.

시리 그런데 선생님, 저기도 풍경이 멋졌나요? 지금 가 보면 너무 시끄럽고 그렇게 멋지다는 생각이 잘 들지는 않거든요.

경승람 지금은 그렇죠. 바로 앞의 강변북로에는 수많은 자동차가 쉴 새 없이 지나가고 있어 정말 시끄럽고, 한강에는

배가 떠다니지 않으며, 강 너머에는 현대의 건축물들로 가득 차 있으니까요. 하지만 옛날에는 앞쪽으로 한강 위에 둥둥 떠다니는 배와 선유도와 모래톱이 조화를 이루고, 저 멀리 산과 산줄기가 이어지며 멋진 풍경을 만들어 냈습니다. 계곡에서 보았던 자연풍경의 파괴가 여기서도 있었던 거죠. 한강가의 다른 많은 자연정원들은 자연풍경만이 아니라 누정의 흔적도 찾을 수 없게 사라져 버렸습니다. 궁금 씨가 질문을 할까 봐 미리 이야기하는데요. 성 밖에도 누정이 있는 자연정원이 저 지도에 있는 것보다 훨씬 많았답니다.

궁금 막 그 질문을 드리려고 했는데, 미리 말씀하시니까 좀 당황했습니다.

경승람 하하하! 궁금 씨가 당황할 때도 있어야 하지 않겠어요? 어쨌든 지금까지 알아본 것만으로도 서울의 궁궐 밖에 자연정원이 얼마나 많이 있었을지 상상이 되겠죠? 그런데 그것만이 아닙니다. 누정이 있는 곳은 주인이 있는 자연정원이잖아요. 그런데 주인이 없는 자연정원도 서울에는 많았답니다. 요즘의 사례로 이야기하면 시민이나 국민 누구나 가서 즐길 수 있는 공원이라고 하면

될 것 같네요. 어떤 곳이었을까요? 궁금 씨가 한번 생각해 볼래요?

궁금 주인이 없는 자연정원도 많았다고요? 음…… 요즘의 비슷한 사례로 누구나 즐길 수 있는 공원이라고요. 혹시 풍경은 좋은데 정자가 없는 그런 곳을 말씀하시는 건가요?

경승람 맞아요. 바로 그런 곳이에요. 서울의 모든 계곡에 정자가 있는 것은 아니겠죠? 혹 정자가 있다고 하더라도 정자 밖의 계곡 풍경 전체를 정자의 주인이 독차지할 수 있는 것은 아니잖아요. 또한 서울의 한강가에도 경치 좋은 곳에 모두 정자가 있는 것은 아니겠죠? 여기서도 혹 정자가 있다고 하더라도 정자 밖의 한강 풍경 전체를 정자의 주인이 독차지할 수는 없잖아요. 풍경이 멋있고 누구나 가서 즐길 수 있는 자연정원을 저의 『동국여지비고』에서는 '명승名勝'이란 항목으로 21곳을 정리해 놓았어요. 정선 선생이 그린 앞의 그림들 속 계곡들도 다수 포함됩니다. 이 역시 김정호 선생의 「수선전도」 위에 표시해 봤습니다. 다음 쪽을 보셔요.

시리 주인이 없어서 누구나 가서 즐길 수 있는 자연정

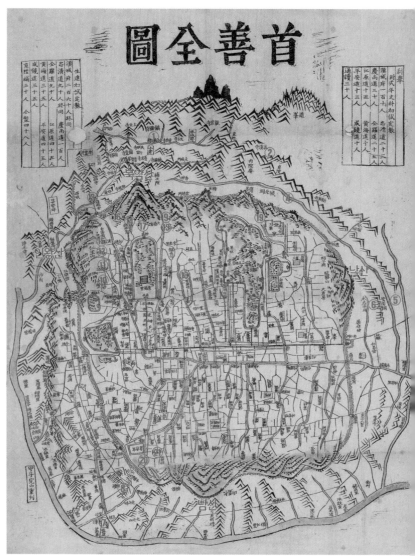

「수선전도」에 표시한 명승. ① 중흥동(북한산) ② 조계동(북한산성 안) ③ 탕춘대(창의문 밖) ④ 북저동(혜화문 밖) ⑤ 안암도(혜화문 밖) ⑥ 연미정동(흥인문 밖) ⑦ 세마평(노들나루 북쪽) ⑧ 산단(남산 남쪽) ⑨ 삼청동(북악산 기슭) ⑩ 필운대(인왕산 기슭) ⑪ 육각현(인왕산 기슭) ⑫ 옥류동(인왕산 기슭) ⑬ 전대(북악산 기슭) ⑭ 세심대(인왕산 기슭) ⑮ 청풍계(인왕산 기슭) ⑯ 도화동(북악산 기슭) ⑰ 회맹단(북악산 아래) ⑱ 화개동(안국방) ⑲ 포곡(성균관 북쪽) ⑳ 쌍회정(남산 기슭 창골 앞) ㉑ 칠송정(남산 기슭).

원…… 선생님, 이런 자연정원을 주인이 있는 자연정원과 좀 구별했으면 하는데요.

경승람 어떻게요?

시리 음…… 인공이 거의 가해지지 않은, 정자조차도 없는 정원이란 말씀으로 들리는데요. 그렇다면 그냥 자연정원이라고 표현하기보다는 '진정한 자연정원' 이렇게 말하면 어떨까요?

경승람 '진정한 자연정원'요? 명승이란 말도 괜찮은 것 같긴 한데요. 정원이란 용어를 사용하여 그 특징을 분명히 한다는 관점에서 이름을 붙인다면 '진정한 자연정원'이 더 괜찮은데요? 하하하! '진정한 자연정원'이 서울에는 아주 많았답니다. 아차! '진정한 자연정원' 단계까지 왔으니 오늘의 주제인 '서울에 있던 궁궐 밖의 정원' 이야기가 거의 끝나가고 있다는 거네요. 그런데 정자가 있는 자연정원에 혹시 인공적으로 만든 연못이 있다면 어떤 모양이었을지 그걸 말하지 않았다는 생각이 갑자기 떠오르네요. 비록 순서가 바뀌었지만 마지막으로 이야기하고 싶은데, 궁금 씨 혹시 어떤 모양이었을 것 같은가요?

궁금 사각형이겠죠 뭐.

경승람 다는 아니지만 대다수가 사각형이었는데요. 궁금 씨 어
     떻게 알았어요?

궁금 정도전 선생님이 서울편 1에서 경복궁의 정원을, 태종
     임금님이 창덕궁의 후원을 설명할 때 사각형이 가장
     일반적이라고 말씀하셨어요. 그리고 그것은 감상의 대
     상인 다양한 자연풍경을 더 다양하고 멋지게 보이도록
     인공적인 것은 최대한 단순하게 만든 것이라고도 하셨
     습니다. 궁궐 안의 정원이든 밖의 정원이든 모두 자연
     풍경을 감상의 대상으로 삼았다는 것을 오늘 더 분명
     하게 알게 되었는데요. 그렇다면 그곳에 있던 연못도
     마찬가지 아니었을까요?

경승람 궁금 씨, 제가 설명을 덧붙일 필요도 없을 정도로 정확
     하게 설명해 주셨습니다. 앞에서 이미 보여 드렸던 청
     풍계의 정원 그림에 보면 정자 앞쪽에 나무로 살짝 가
     려진 연못이 있었는데, 사각형 모양이었습니다. 서울
     의 정원에 있던 연못이 모두 사각형이었다고 말할 순
     없지만 대부분 사각형이었다고 보면 틀리지 않을 거예
     요. 아주 가끔 북악산 뒤쪽의 백사실계곡에 있는, 백사

백사실계곡 이항복의 별장터로 전하는 정원 유적

이항복(李恒福, 1556~1618년)의 별장터라고 전해지는 정
원 유적의 연못처럼 사각형이 아닌 사례가 있긴 했었
죠. 그렇다고 해도 가장 단순한 모양인 둥그스름한 형
태를 취하고 있습니다. 한번 보실까요?

문명사적 관점에서 새로운 눈을 갖다는 것

시리 서울의 정원 이야기를 시작하면서 했던 '왜 600년 수도
였던 서울에는 저렇게 아기자기한 전통정원을 찾기가

어렵지?' 이런 의문에 대한 모든 궁금증이 선생님의 설명으로 이젠 가슴이 뻥 뚫린 것처럼 다 풀렸습니다. 다른 나라나 문명권에서는 흔하지만 우리나라에는 별로 없는 인공정원에만 초점을 맞추지 않았다면 서울의 궁궐 밖에도 정말 멋진 전통정원이 엄청 많았다는 사실을 쉽게 알 수 있었던 거네요.

경승람 맞아요. 안시리 아나운서나 궁금 씨나 그리고 청중 여러분이나 모든 시청자 분들이 이젠 분명하게 알게 되셨으리라 봅니다. 그렇게나 많았던 전통정원을 가지고 있던 조선의 수도 서울에 대해 '왜 600년 수도였던 서울에는 저렇게 아기자기한 전통정원을 찾기가 어렵지?' 이런 의문을 가졌던 이유는 아주 간단했잖아요. 조선의 수도 서울에는 거의 없었던, 하지만 다른 나라나 문명권에서는 너무나 흔했던 인공정원에 대한 선진국의 연구 성과만을 중심으로 후진국 또는 중진국 대한민국의 수도 서울의 전통정원을 바라봤기 때문이었죠. 전통시대 지배층의 휴식과 사교의 공간이라는 정원의 본질로 돌아간다면 인공정원은 정원의 한 형태였을 뿐이란 사실을 쉽게 간파할 수 있고, 더불어 자연정원이란 개념도 쉽게 떠올릴 수 있습니다. 그동안 인공정원이란 현상을 정원의 본질인 것처럼 착각해 왔던 건데요. 우리 모두에게 잘못이 없다고 말할 수는 없지만 연구자들의 잘못이 가장 큽니다. 우리가 못살던 시절, 무조건 선진국의 학문을 배워야만 중진국이 되고 또 선진국으로 도약할 수 있었던 후진국 연구자의 비애가 아니었을까 합니다. 하지만 이젠 다 지나간 일입니다. '외국 것이 무조건 좋다'는 인식에서 벗어나, 그렇다고 '우리 것이 무조건 좋다'로 가지는 말고, 본질로부터 시작하여 현상의 다양성을 살펴볼 수 있는 문명사적 관점에서 새로운 눈을 가졌으면 좋겠습니다.

시리 무슨 말씀인지 알겠습니다. 그렇다면 서울에서 우리나라의 전통정원을 되살릴 수 있는 방법은 없는 건가요?

경승람 쉽지 않죠. 서울의 자연정원은 자연풍경을 배경으로 삼았는데 그 자연풍경의 대부분이 사라져 버렸잖아요. 그러니 우선 석파정이나 백사실계곡의 백사 이항복 별장 터처럼 지금 남아 있는 것만이라도 잘 보존하고 그 의미를 제대로 설명해 주는 것이 필요하고요. 다음으로 수성동계곡처럼 자연풍경을 되살릴 수 있는 곳은 최대한 되살리는 정책이 계속 진행되었으면 좋겠어요. 더 나간다면 자연정원을 복원할 수 있는 기회가 왔을 때 옛 그림 같은 자료를 이용하여 몇 곳이라도 복원되었으면 합니다. 하지만 이런 전통정원의 복원에만 매달릴 필요도 없어요. 지금 서울에는 다른 나라의 수도에서 잘 볼 수 없는 새로운 자연정원들이 곳곳에서 만들어지고 있어요. 그걸 더욱더 잘 만들어 가꾸고 충분히 즐겨 가면서 새로운 공원 개념을 재정립해 갈 필요가 있습니다.

시리 새로운 자연공원들이 곳곳에서 만들어지고 있다고요? 그게 무슨 말씀인가요?

경승람 하하하! 안시리 아나운서도 궁금 씨도 그렇게 새롭게 만들어진 자연공원을 가 본 경험이 일상적으로 꽤 있을 것 같은데요?

궁금 그런 곳을 저도 가 봤다고요? 음…… 어딜까?

경승람 궁금 씨, 어렵게 생각하지 말고 단순하게 생각해 봐요. 서울에서 인공적으로 꾸미지 않은 자연 그대로의 풍경을 배경 삼아 휴식과 사교의 공간으로 이용했던 기억을 더듬어 보세요.

궁금 남산 둘레길 같은 거요?

경승람 바로 그거예요. 완전 평지의 도시라면 남산 둘레길 같
은 것은 있을 수 없잖아요. 그런 길을 만들려면 완전히
인공적으로 새로 만들 수밖에 없어요. 그런데 산과 산
줄기가 도시 깊숙이 들어와 있고 둔치가 넓은 한강이
란 멋진 강이 도시의 한복판을 가로지르는 서울에서는
자연 그대로를 풍경의 대상으로 삼은, 인공을 가하더라
도 진짜 조금만 가한 둘레길이나 공원이 널려 있잖아
요. 못 먹고 못살던 시절에는 그것이 도시를 계획하고
건설하며 살아가는 데 불행인줄 알았는데 선진국이 된
지금은 그것이 축복임을 여러분이 일상적인 여가 생활
에서 충분히 느끼고 즐기며 살아가고 있잖아요. 그걸
깨달았으면 좋겠어요.

시리 '왜 600년 수도였던 서울에는 저렇게 아기자기한 전통
정원을 찾기가 어렵지?' 이런 의문을 풀어 가는 과정이
꼭 옛날의 전통정원에만 한정된 것이 아니었네요. 역사
연구가 현대를 새롭게 보도록 만들 수도 있는 좋은 사
례를 말씀하신 것 같습니다. 선생님, 지금까지 흥미진
진한 정원 이야기 너무 즐거웠습니다. 하지만 아쉽게도

이제 시간이 다 되었네요. 혹시 정원에 대해 간단하게 더 하고 싶은 말씀이 있으면 해 주십시오.

경승람 정원에 대해서요? 음…… 이 정도면 큰 틀에서 기본적인 이야기는 다 한 것 같습니다. 정원에 대한 더 자세한 이야기는 다른 전문가들에게 맡기고 저는 여기서 그치도록 하겠습니다.

시리 더 해 주실 말씀이 있다고 생각했는데 진짜 쿨하게 이야기를 끝내시네요.

경승람 하하하! 쿨하게요? 쿨하다기보다는 저의 지식이 이 정도밖에 안 되어서 그랬던 겁니다. 제가 정원을 계획하고 만들어 가는 사람은 아니었기 때문에 정원에 대한 더 자세한 이야기는 그건 제 능력의 한계를 벗어나 도가 넘는 행동일 뿐입니다.

시리 무슨 말씀인지 알겠습니다. 그렇다면 하늘나라에서 이승에 환생하여 '역사 인물 환생 인터뷰'에 출연하신 소감을 짧게 말씀해 주실 수는 있으시죠?

경승람 예, 있습니다. 하늘나라에서 이승의 세계를 지켜보면서 답답했던 마음을 확 풀어놓을 수 있는 기회를 주셔서 감사합니다. 정도전 선생님, 태종 임금님, 광해군 임금님도 똑같이 말씀하셨지만 어렵게 이승에 내려온 만큼 남은 며칠 동안 이승을 실컷 구경하고 하늘나라로 무사히 돌아가도록 하겠습니다.

시리 프로그램에 출연 주셔서 감사드립니다. 말씀하셨듯이 남은 며칠 동안 이승 구경 잘 하시고 무사히 하늘나라로 귀환하시길 기원합니다. 그럼 오늘의 '역사 인물 환생 인터뷰'를 이것으로 마치도록 하겠습니다. 함께 자리해 주신 궁금 씨와 청중 여러분, 그리고 늦은 밤까지 시청해 주신 시청자 여러분께도 감사드리고, '역사 인물 환생 인터뷰' 서울편 2도 오늘로써 모두 마치도록 하겠습니다. 다음번에도 새로운 주제를 개발하고 하늘나라로부터 새로운 인물을 초대하여 시청자 여러분들을 다시 만나 뵐 것을 약속드립니다. 안녕히 계십시오.

도판 제공

47p **도성도** 서울대학교 규장각 소장

48, 63, 72, 74, 84, 95, 97, 164, 165, 201p **항공사진** 국토지리정보원

99p **동궐도** 고려대학교 박물관 소장

106p(아래) **존덕정, 관덕정, 승재정** 국가문화유산포털

114p **자금성의 북서쪽 성벽과 해자** Charlie fong 촬영, 위키미디어 커먼스

114p **알람브라 궁전** Jebulon 촬영, 위키미디어 커먼스

157p **서궐도** 송규태 그림, 국가문화유산포털

157p **경희궁 전경** 서울시립대박물관 소장

166p **경희궁지 추정 복원도** 볕터건축사사무소 조사편찬, 『경희궁지 종
　　　합정비계획』 종로구청 문화과, 2018, 115쪽

189p **금각사** Yiannis Theologos Michellis 촬영, 위키미디어 커먼스

189p **졸정원** Windmemories, 위키미디어 커먼스(https://commons.wikimedia.
　　　org/wiki/File:2017-04-16_Humble_Administrator%27s_Garden_01.jpg)

199p **옥인아파트 철거 전 모습** 서울역사아카이브. 서울역사박물관, 『선
　　　진 수도로의 도약 1979-1983』 2018, 14-15쪽

199p **수성동계곡 복원 공사 모습** 서울역사아카이브. 서울역사박물관,
　　　『서촌 사람들의 삶과 일상』 2010, 27쪽

205p **수성동**, 212p **대은암** 정선, 장동팔경첩, 간송미술관 소장

205-213p **창의문, 독락정, 청송당, 청휘각, 백운동, 청풍계** 정선, 장동팔
　　　경첩, 국립중앙박물관 소장

217, 224p **수선전도** 연세대학교 박물관 소장

219p **정선 등 필 선면화집** 국립중앙도서관 소장

234